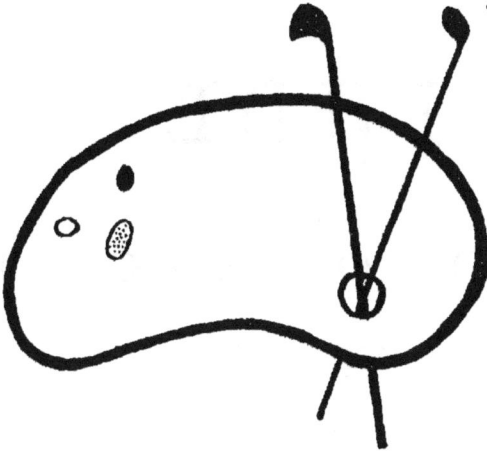

COUVERTURE SUPERIEURE ET INFERIEURE
EN COULEUR

ÉTUDE

PHILOSOPHIQUE

ET

PSYCHOLOGIE COMPARÉE

PAR M. JULES BENOID-PONS D. F.

ANCIEN MAGISTRAT
CORRESPONDANT DE L'ACADÉMIE DES SCIENCES,
BELLES-LETTRES & ARTS DE CLERMONT-FERRAND,
DE LA SOCIÉTÉ D'ÉMULATION DE L'ALLIER
ET DE LA SOCIÉTÉ DES SCIENCES ET ARTS DE CARCASSONNE

GANNAT

IMPRIMERIE DIDIER DAUBOURG

—

1876

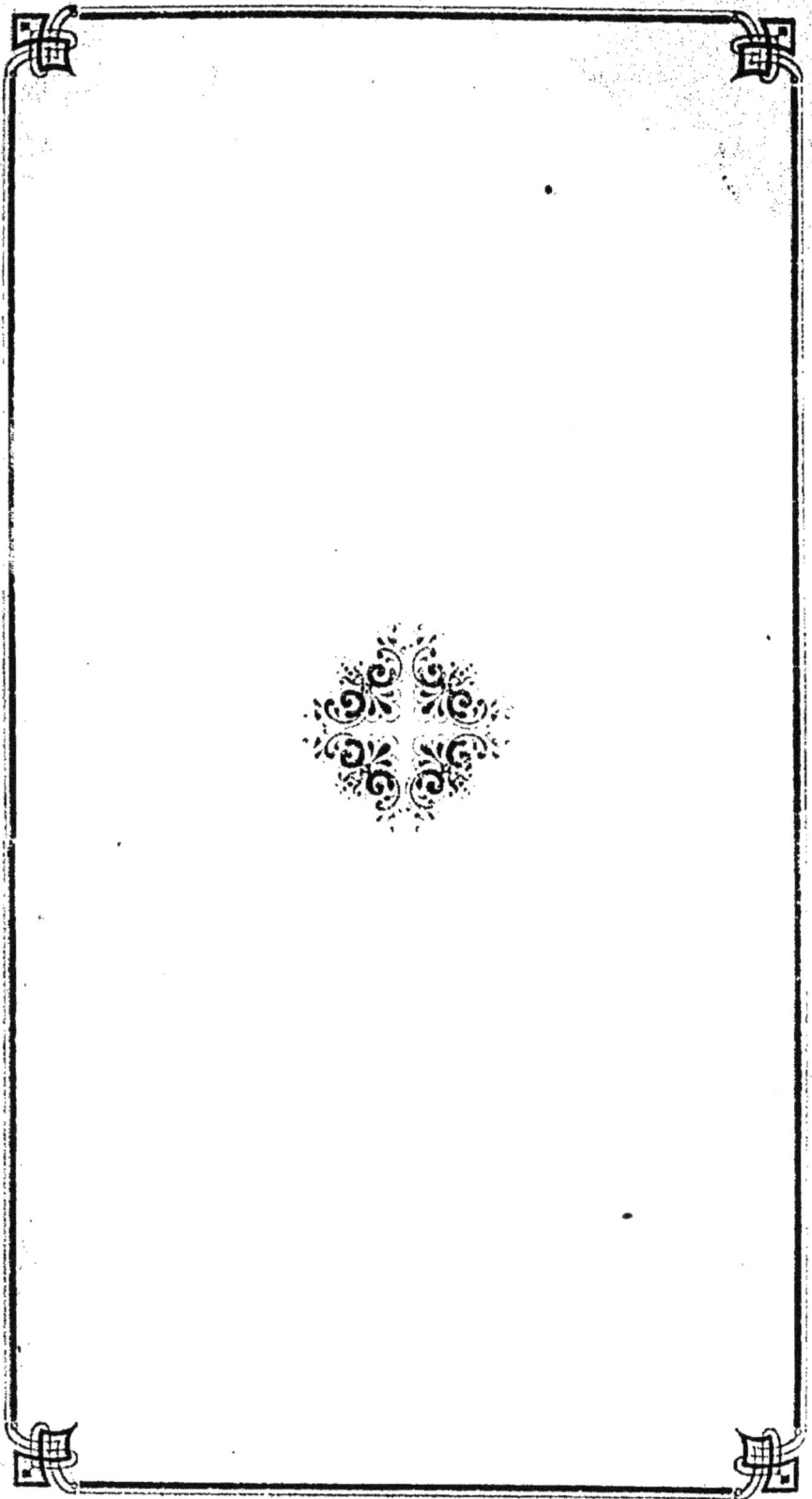

ÉTUDE PHILOSOPHIQUE

ET

PSYCHOLOGIE COMPARÉE

ÉTUDE

PHILOSOPHIQUE

ET

PSYCHOLOGIE COMPARÉE

Par M. Jules BENOID-PONS D. F.

ANCIEN MAGISTRAT

CORRESPONDANT DE L'ACADÉMIE DES SCIENCES,

BELLES-LETTRES & ARTS DE CLERMONT-FERRAND,

DE LA SOCIÉTÉ D'ÉMULATION DE L'ALLIER

ET DE LA SOCIÉTÉ DES SCIENCES ET ARTS DE CARCASSONNE

GANNAT

IMPRIMERIE DIDIER DAUBOURG

—

1876

Je livre à l'impression cette étude qui expose, avec plus d'étendue et d'ensemble philosophique, un sujet délicat et difficile dont je m'étais précédemment occupé. L'écrit que j'offre dans ce moment, a été par circonstance l'objet, en 1874, d'un compte-rendu à l'occasion d'un concours académique ouvert, en 1870, et prorogé au 31 décembre 1875. Je n'élève aucune objection sur ce document ; je m'incline devant l'autorité qui s'y attache [1].

Mais, restant dans une sphère moins élevée, accessible à un plus grand nombre et crainte de nuire à la clarté de mon travail, dont les observations faites à propos, variées sans être vagues, concises et justifiées

---

[1] Section de philosophie (Institut).

M. Lévêque rapporteur : (LA PSYCHOLOGIE DES ANIMAUX, 10° et 11° livraisons, 1874).

en tous points, me paraissent utilement se prêter — ce que, du moins, j'ai voulu atteindre — à l'intelligence et à l'appréciation de tous ; et, par rapport à l'esprit philosophique dans lequel ce travail a été conçu et que je n'abandonne pas, je ne change rien — m'étant tenu hors du concours prorogé — à la composition du cahier-manuscrit n° 2, à son sommaire et à la manière dont j'envisage le mode utile et vrai de résoudre le sujet académique en question [1].

En même temps, quelques autres considérations, qui ne tiennent pas moins à l'ordre social et à sa sécurité, me décident à cette publication philosophique-psychologique. A notre époque troublée, ces considérations sont souvent méconnues et il en résulte, avec persistance, l'émission et la propagande de doctrines philosophiques, psychologiques et politiques les plus hasardées et les moins fondées.

On ne saurait trop par tous les moyens de publicité, quelque modestes qu'ils soient, signaler, répéter, combattre ce qu'il y a d'erreur dans ces fausses et dangereuses doctrines, et prémunir contre les mirages trompeurs qu'elles suscitent et qui surprennent et éblouissent souvent, même les esprits les plus autorisés à s'en défendre.

Personne n'ignore que la science physiologique a pour

----

(1) Le sujet était celui-ci : DES PHÉNOMÈNES PSYCHOLOGIQUES DE LA NATURE ANIMALE, COMPARÉS AUX FACULTÉS DE L'AME HUMAINE.

but la connaissance des organes de l'homme et de
l'animal : elle est chargée d'en déterminer le fonctionnement. Cette science opère donc sur des éléments
matériels, visibles, tangibles.

Il en est autrement de la science psychologique : sa
tâche est plus ardue. Elle n'a devant elle que l'inconnu,
l'invisible, c'est-à-dire le principe immatériel. Cette
science repose sur des preuves déduites de faits mo-
raux et intellectuels qui en démontrent la vérité, sans
que cette induction clairvoyante puisse fournir à l'homme
les moyens de pénétrer les nombreux phénomènes qu'il
ne peut s'expliquer que par leurs résultats. Cette
science, comme toutes autres sciences quelqu'en soient
l'importance et la valeur, ne peut davantage conduire
l'homme à connaître l'essence des choses, le fond impé-
nétrable des lois naturelles, au rang desquelles se
trouve l'instinct, mouvement inné, chez les êtres organisés, impulsif, impératif, instantané et dirigeant invariablement la vie et les actions des animaux : lois
immuables, éternelles qui régissent les mondes et les
êtres : s'étendre en recherches minutieusement appro-
fondies, sur tous ces points, c'est occuper le temps en
pure perte. Il arrive aussi dans certaines matières —
celle qui nous occupe est de ce nombre — d'obscurcir
par une méthode scientifique trop serrée, ce qui peut-
être mis, en peu de mots, en lumière, ou qu'il suffit
d'exposer pour être compris de tous.

« Ils ont (les philosophes) consumé, dit Sénèque,

beaucoup de temps dans la chicane des mots et des disputes capricieuses qui ne consistent que dans de vaines subtilités [1] »

La psychologie spiritualiste plus réservée limite, en effet, les pouvoirs de l'homme ; elle reconnaît des bornes infranchissables aux forces intellectuelles humaines et elle enseigne humblement que l'homme ne peut se rendre un compte satisfaisant de la création, du mouvement des grandes et surprenantes choses qui l'entourent, s'il n'en rapporte visiblement la puissance à un être suprême, d'où émane le flambeau de la vie, l'âme qui s'unit au corps et le commande.

Les physiologistes athées, moins circonspects dans leurs allures scientifiques, le scalpel anatomique à la main, se rendent compte de tout ; ce qu'ils ne peuvent ni voir ni toucher, ils en concentrent l'existence et le pouvoir dans la force générale de la nature, dans l'hérédité, dans les énergies des êtres : c'est de là, de ce foyer fixé nulle part, que l'école matérialiste fait sortir la création, la puissance, l'ordre, le placement, le rang des astres et des choses, le mouvement de l'univers et celui de la vie de tous les êtres ; dans ce système, la mort c'est le néant.

La psychologie comparée ne serait pas exempte de cette triste et poignante conclusion, si elle venait à quitter la méthode spiritualiste qui ne prend pour points

(1) Sénèque le philosophe, ÉPITRES A LUCILIUS, traduction Nisard, page 599.

d'appui de ses démonstrations psychologiques que les seules facultés intellectuelles des sentiments et de l'esprit. C'est cet abandon, cependant, que poursuivent aujourd'hui les psychologues transformistes, disciples plus ou moins des écoles de Darwin et d'Hégel, en se servant de l'intuition physiologique, dans leurs recherches et démonstrations psychologiques; mais, quelques efforts scientifiquement élaborés que fasse cette science, parmi certains psychologues, elle n'aboutit à rien de correct et de parfaitement satisfaisant, en vue du spiritualisme : car l'opération, le problème de la psychologie comparée, ainsi résolu, reste toujours empreint du suintement de la matière organique qui en forme le fond, se rattache par des liens intimes à l'analyse des facultés intellectuelles et ne fait dans ce système qu'un même corps avec elles. C'est sans doute là, aux yeux des psychologues physiologistes, la source des sentiments confus et des idées embrouillées qu'ils attribuent aux bêtes.

Naturellement, par cette manière de procéder, la bête devient l'analogue spiritualiste de l'homme, et la physiologie-psychologique ne craint pas, dès lors, de rabaisser l'humanité dans ce qu'il y a de plus marqué en élévation dans son être : elle se prête par des suppositions arbitraires, énigmatiques, abstraites, jusqu'à confondre entièrement les facultés intellectuelles de l'homme avec celles de l'animal, en donnant à ces dernières, les mêmes bases de sensations psychologi-

ques, de combinaison d'idées, de raisonnement, d'indépendance, de liberté propres à l'être humain qui en
fait usage, quoique à des degrés moins perfectionnés,
moins puissants que ceux qu'elle accorde aux facultés
de l'homme. Il ne reste pas moins, de cette infériorité
attribuée à la sensation psychologique, à l'intelligence
graduée des animaux, une sorte de personnalité animale et la reconnaissance que l'âme de la bête n'est
autre de celle de l'homme, ou ce qui revient à peu près
au même, qu'elle en est l'analogue spiritualiste, qu'elle
en représente par conséquent la substance. C'est la négation de l'instinct animal dans ses effets réels, pratiques qui prouvent, avec toute vérité, que l'instinct est
l'âme des bêtes et différente de l'âme de l'homme
caractérisée, dans son essence, par la pensée et le
raisonnement ; attributs éminemment intellectuels, n'é-
tant à aucun degré, au pouvoir des bêtes, quelque
contraires en apparence que puissent paraître certains phénomènes intellectuels, qui semblent se produire chez les animaux et qui ne sont, au fond, que
l'œuvre trompeuse de l'imagination.

Cette école transformiste qui conduit au matérialisme
et à l'animalisme, est principalement de source alle-
mande : son enseignement se trouve surtout parmi les
disciples de l'école renommée d'Hégel, philosophe pan-
théiste allemand, mort en 1831.

La circonstance de la provenance de cette philosophie
a fait dire récemment dans un discours littéraire, que

j'ai lu dans un journal, à l'auteur de ce discours — j'ai
le regret de ne pas avoir retenu son nom — de ren-
voyer cette philosophie à son pays d'origine. C'était
sagement recommander de s'en tenir à la philosophie
enseignée par l'école classique des temps anciens et
modernes ; française, la seule vraie, la plus élevée, la
plus consolante, la plus digne et à laquelle — faisait
remarquer l'auteur du discours que je viens de men-
tionner, ce que j'avais remarqué moi-même — M. Mignet,
l'éminent secrétaire perpétuel de l'académie des sciences morales et politiques de l'Institut de France avait,
tout nouvellement, rendu hommage à l'occasion de sa
notice historique sur la vie et les travaux du duc Victor
de Broglie, dont les œuvres sont profondément em-
preintes de la doctrine spiritualiste et de la conviction
de l'immortalité de l'âme.

Voici ce passage :

« Après avoir lu le duc de Broglie, dit M. Mignet, on
» est encore plus logiquement certain de l'existence
» de ce principe spirituel et immortel que tous les
» temps ont reconnu, que tous les peuples ont proclamé,
» qui est la conception légitime du sens commun et le
» glorieux patrimoine du genre humain. Engagé dans
» la matière sans se confondre avec elle, ce principe
» est indivisible, tandis que la matière est étendue,
» permanent, tansdis que la matière est mobile, iden-
» tique à lui-même, tandis que la matière se renou-
» velle sans cesse et ne saurait, dans ses molécules

» divisées et changeantes, garder l'unité, assurer
» la permanence, constater l'identité du moi humain
» que conserve uniquement l'âme dans laquelle réside
» l'intelligence, d'où part la volonté et qui, libre et
» responsable, est la cause durable de tout ce dont le
» corps n'est que l'éphémère instrument. »

*(Séances et Travaux de l'Académie des Sciences
morales et politiques)*, 1875 ; deuxième et troisième
livraisons.

Voir, dans cet ordre d'idées, l'excellente publication :
la Croyance à la Vie future, par M. Ludovic Carrau.
Revue des Deux-Mondes, tome XII, troisième livraison,
1er décembre 1875.

ÉTUDE PHILOSOPHIQUE

ET

PSYCHOLOGIE COMPARÉE

———————×—•—•———

> « On ne sait si les bêtes sont
> » gouvernées par les lois géné-
> » rales du mouvement ou par
> » une motion particulière. »
> Montesquieu. ESPRIT DES
> Lois. livre Iᵉʳ. chap. II.

L'intelligence de l'homme est la mise en œuvre des facultés de l'âme, et j'ai pour but d'apprécier, dans cette étude, l'intelligence des animaux comparée à celle de l'homme. Ce parallèle spiritualiste est un sujet non-seulement de haute psychologie, mais encore il touche à l'ordre de l'univers; et, en déterminant les facultés qui ont été dévolues aux deux êtres organisés, c'est par là préciser le fond de leur nature, la loi qui les gouverne et reconnaître ce que chacune de ces natures est destinée à faire, à accomplir ou impuissante à comprendre et à exécuter.

Cette grave question a dû, dans tous les temps anciens et modernes, appeler les méditations de tous les sages penseurs, de tous les esprits sérieux et profonds. Cette matière soulève des questions d'autant plus déli-

cates et épineuses à résoudre, que la science physiologique en devient le corollaire, par rapport aux sens des
animaux dont les fonctions sont appropriées au même
rôle de sensibilité apparente que les sens de l'homme :
c'est par conséquent la raison pour beaucoup d'esprits,
de décider, résolument, par analogie de ce fait matériel
organique, que ce qui se passe mentalement dans
l'homme doit avoir lieu nécessairement dans la bête.
Les philosophes et les physiologistes partisans de ce
système hypothétique attribuent la différence spiritualiste, qui se manifeste dans ces deux êtres, simplement
à la perfection des organes plus parfaits chez l'homme,
et ils en concluent que l'âme de la bête n'est autre que
celle de l'homme [1].

Comme on le voit, cette question psychologique touche grandement à la dignité, à la destinée humaine et
mérite l'examen le plus sérieux : moi-même, disciple

[1] « Je suis forcé de reconnaitre aux animaux, comme à l'homme, des
» sentiments innés : l'amitié, la haine, la jalousie, la reconnaissance, la ven-
» geance. se renouvellent en eux à chaque génération. Ce que nous sentons.
» ils le sentent ; ce que nous voulons, ils le veulent ; seulement l'homme a
» plus d'étendue. parce que ses organes sont plus parfaits........ »
DE L'ÉDUCATION DES MÈRES DE FAMILLE ET DE LA CIVILISATION DU GENRE
HUMAIN PAR LES FEMMES, par Aimé Martin, lauréat de l'Institut, troisième
édition, 1841, chap. VIII.
Montagne, dans ses ESSAIS. livre II. chap XII, avait auparavant exprimé la
même pensée :
« Comment cognoist-il (l'homme) par l'effort de son intelligence, les
» bransles internes et secrets des animaulx ? Par quelle comparaison d'eulx à
» nous conclut-il la bestise qu'il leur attribue ? Quand je me joue à ma chatte,
» qui sçait si elle passe son temps de moy, plus que je ne fais d'elle ? Nous
» nous entretenons de singeries réciproques : Si j'ay mon heure de commencer
» ou de refuser, aussi elle a la sienne. »

modeste et convaincu de la haute autorité de l'école
classique, en m'appuyant sur l'opinion et sur quelques
textes cités d'auteurs de ce genre, anciens et modernes, et en m'arrêtant pour plus de sûreté dans mes
appréciations à ce qu'il y a de moins douteux, de plus
clair aux yeux de tous, dans le naturel des animaux et
d'intelligent dans leurs actes, j'ose, sans ambages, en
peu de mots, entrer en matière et en aborder en termes
simples, pratiques, l'importante et difficile question.
Elle n'a rien cependant qui n'ait déjà été dit ; mais sa
vraie solution dépend de la précision exacte des seules
facultés qui existent réellement dans la nature animale.

SOMMAIRE

Premièrement. — Quelques-unes des facultés de l'âme
humaine se révèlent à un certain degré chez les animaux, mais à certaines conditions et dans les limites
spiritualistes tracées par la nature animale. Tout autre
système, pour constater l'intelligence des animaux,
est hypothétique ou arbitraire.

Deuxièmement. — Le sentiment est dans la nature animale ; il a sa source dans les mouvements instinctifs
du cœur qui ne se raisonnent pas et, dès lors, par
instinct, dans certaines circonstances et jusqu'à une
certaine mesure, les bêtes sont liées par le sentiment

qu'elles se témoignent d'une manière sensible, ce
qu'elles font même envers les hommes.

Troisièmement. — La destinée de la bête est toute ter-
restre et tout, comme dans la plante, est périssable
dans son être. Cette destinée n'est pas celle de l'homme ; tout révèle en lui la supériorité de son être.

1

« Une grande différence, dit Cicéron, sépare l'homme
» de la brute. Entièrement soumise à l'impulsion des
» sens, celle-ci ne se porte qu'à ce qui est devant elle,
» ne s'attache qu'au présent, indifférente d'ailleurs pour
» le passé et pour l'avenir. Mais l'homme, par le privi-
» lége de cette raison qu'il reçut en partage, voit les
» causes, les effets, les progrès de ce qui est ; aperçoit
» pour ainsi dire, les avant-coureurs des choses, com-
» pare leurs rapports, unit l'avenir au présent, em-
» brasse le cours entier de la vie et prépare tout ce qui
» est nécessaire pour ce voyage [1]. »

Nécessairement, les diverses phases de la vie, dont
parle Cicéron, n'ont d'application que pour l'homme

_____

(1) DE OFFICIIS, liber 1er (texte latin).
Cicéron, tome XXXII, livre 1er, page 13. Bibliothèque latine-française, édit.
Panckouke.

déjà en société ; le besoin de son être. Aussi, instinctivement, par sa propre nature, l'homme a dû s'associer et réunir ses efforts dans le but d'un bien-être commun. Son isolement, s'il avait été possible, aurait anéanti les facultés intellectuelles qui distinguent l'espèce humaine du surplus des êtres vivants; le merveilleux mécanisme de la parole, qui est un moyen de commercer avec son semblable, serait resté inconnu. Cela ne pouvait être ; la création de l'homme a eu lieu à d'autres fins que celle des autres êtres.

Mais il n'est pas moins constant, qu'entre l'animal et l'homme, une des premières lois de la physiologie, *en outre de la sensibilité vitale,* leur est également commune : c'est la loi naturelle de la locomotion, faculté qui permet de se mouvoir et de changer volontairement de place. Les hommes comme les animaux jouissent de ce privilége, et le mécanisme musculaire opère le mouvement des membres et du corps. La pensée est le moteur principal et le plus ordinaire chez l'homme, tout en possédant, *de communauté avec les animaux,* l'instinct qui remplit, lui seul, le même rôle impulsif chez les bêtes, lorsque leurs besoins les y portent pour garantir leur vie, chercher le repos ou satisfaire leurs appétits : c'est un point psychologique qui n'est pas douteux. Cependant, au xviie siècle, le philosophe Descartes, en considérant les animaux comme de simples automates, les plaça, ainsi que le fait Cicéron, dans la citation que je relate en commençant, sous l'im-

puision des sens ; et l'action des sens, selon son système, agissant sur les nerfs de la bête, imprimait le mouvement à l'organisme de l'animal : rien n'était plus
simple et plus facile à comprendre que ce moteur extérieur et matériel que Descartes donnait à la nature animale. Le philosophe Malebranche, le disciple de Descartes, professa la même doctrine que son maître sur
l'automatisme des animaux. Leibnitz accordait, au contraire, aux animaux quelques perceptions ou quelques
idées simples et communes.

Plus tard, Buffon lui-même adopta l'idée des mouvements automatiques des bêtes, sous un aspect, il est
vrai, moins matérialiste que le système de Descartes et
de Malebranche, mais tout aussi mécanique. Le système de Buffon consista à supposer des molécules mises
en mouvement par les corps extérieurs et produisant,
sur les sens des animaux, des sensations qui devenaient
les moteurs de leurs actes et les dirigeaient dans un
sens ou dans l'autre. A côté de l'arbitraire de cette
interprétation donnée à l'action des sensations, — interprétation qui n'était d'ailleurs que la répétition de la
vie sensitive qu'Aristote attribuait à l'animal, — Buffon
attribuait aux animaux la possibilité de conserver, plus
ou moins longtemps, la mémoire ou l'image des sensations ressenties par les sens de la bête. Ce fut la source
où il puisa le véritable motif de la plupart des actions
des animaux, qu'il décrivit avec tout son talent et son
génie, ayant été conduit par son système, dit l'écrivain

naturaliste Frédéric Cuvier, à ne pas reconnaître l'instinct des animaux [1].

Condillac, après Buffon, écrivit son traité des animaux,
en 1755 ; il donna aux bêtes, dans cette critique de Buffon,
une intelligence développée. La base principale de son système — système imaginaire adopté et enseigné encore par
les psychologues-physiologistes de nos jours — repose sur
les habitudes ; partant de ce principe que les habitudes
naissent des besoins d'exercer ses facultés, ce qui fait que
les bêtes suivent, comme l'homme, d'elles-mêmes et pro-
gressivement, leurs habitudes facultatives, jusqu'à leurs
besoins de conservation. C'est pour elles le point d'arrêt
de leur intelligence ; les bêtes d'ailleurs, d'après Condillac, pensent, réfléchissent, combinent : par exemple,
le castor se forme le plan de sa hutte, le modèle est
dans son imagination ; mais les bêtes ne profitent pas
de leur expérience, ne pouvant pas se communiquer
leurs découvertes, leurs méprises particulières : c'est
la raison qui leur fait recommencer, dit Condillac, à
chaque génération, les mêmes études. Le système de
Condillac, arbitraire, inventé comme beaucoup d'autres, n'admettait pas davantage que Buffon les effets,
l'action de l'instinct naturel inné chez les animaux.

C'était, étrangement, de la part de ces deux grands
écrivains, méconnaître en cela la règle fondamentale

---

(1) SUPPLÉMENT A L'HISTOIRE NATURELLE ET PARTICULIÈRE DE BUFFON, par
M. F. Cuvier, membre de l'Institut, tome Ier (mammifères), discours prélimi-
naire.

de la vie animale et nier le mouvement conservateur,
invariable des actions instinctives des animaux ; c'était
méconnaître, en même temps, l'ordre, le concert des
lois immuables, dont fait partie la loi naturelle de l'instinct, lois providentielles qui gouvernent invariablement
l'Univers, affirment l'Être suprême par leur ensemble
et acclament, d'une manière non moins certaine, le
Créateur des mouvements propres, intérieurs, appro-
priés à tous les êtres ; créateur également des grandes
choses qui nous entourent sur ce globe, et s'harmonisent
merveilleusement et dans un ordre parfait, avec les
mondes lumineux, immenses qui s'équilibrent dans
l'espace. L'esprit de l'homme confondu se perd en face
de ce grandiose et merveilleux édifice céleste : C'est
une vérité éclatante pour tous.

Les systèmes de Buffon et de Condillac péchaient
donc par la base et méconnaissaient la loi naturelle,
invariable de l'instinct dans ses effets fondamentaux et
ordinaires.

Mais, d'un autre côté, il n'est que trop vrai que
l'esprit de l'homme s'efforce d'échapper aux lois supé-
rieures à la nature humaine, incompréhensibles à notre
être, et lois mystérieuses qui mettent souvent la science
et la perspicacité de l'intelligence en défaut. L'homme
tend, par un sentiment exagéré de sa force intellectuelle
et du pouvoir de sa raison, à tout connaître, à tout
expliquer. Ce sentiment n'est pas étranger à l'esprit philosophique, et c'est ainsi que beaucoup de

philosophes sont portés à ne reconnaître que ce
qu'ils pensent expliquer à leur manière : même dans
ce cas, le fond de leur système, quoique souvent
erroné, hasardé, n'est pas cependant toujours stérile, si
la morale en est la conclusion et si l'exemple en est
surtout fourni par la conduite de celui qui en recom-
mande philosophiquement les préceptes. La philosophie,
c'est l'amour de la sagesse ; en ce sens, elle s'applique
à toutes les actions de l'homme qui ont pour but de
satisfaire les hautes pensées de l'esprit, comme les bons
sentiments du cœur. Le titre de philosophe n'est pas,
par conséquent, attaché seulement à la science et au
savoir ; il ne suffit pas d'écrire pour être philosophe, il
faut encore pratiquer les bons préceptes qu'on enseigne :
voilà la sagesse. C'est donc par un abus de mots que
beaucoup d'écrivains anciens et modernes ont été hono-
rés du titre de philosophes. Mais, dans une société
d'erreur et d'ignorance, l'écrivain a pu devenir, tout à
la fois, philosophe et penseur, s'il a réglé sa conduite
selon les préceptes de morale et de sagesse de son
temps. Chaque passion, dans la société païenne, ayant
été élevée au rang de la vertu, chaque homme pouvait
se dire sage et philosophe en conformant sa conduite
au culte de sa divinité. La secte épicurienne avait, aux
yeux de l'ancien monde, le même mérite que la secte
platonique, puisque l'une comme l'autre enseignait et
pratiquait ce que la société avait érigé en vertu et en
sagesse.

Le monde nouveau, la société chrétienne ne reposent
pas sur ces fausses bases ; l'unité s'est faite en morale,
et il n'y a plus de confusion entre ce qui constitue la
vertu ou ce qui fait le vice ; le philosophe moderne n'a
plus qu'un seul sentier à suivre, et celui-là seul qui suit
cette unique voie est le vrai philosophe, s'il joint une
pratique constante aux préceptes de sagesse qui lui sont
enseignés, ou que lui même a révélés par sa parole et
ses écrits ; mais l'histoire nous offre de très-rares
exemples de cette perfection humaine, et l'on voit, en
toute matière, beaucoup de penseurs et peu de philosophes.

Cette révolte intérieure de l'esprit est, sans nul doute,
une des causes principales qui ont donné naissance au
panthéisme de Spinosa, à l'athéisme de Diderot, de
d'Holback, au sensualisme d'où sont sorties les écoles
physiologiques matérialistes modernes : l'organologie,
la phrénologie, la crânioscopie et, en dernier lieu,
l'école mathémathique ou le positivisme. Les sciences
nouvelles, après tout, ne sont souvent que la répétition
sous d'autres dénominations des idées anciennes. Cela
s'applique à la science philosophique, comme à toutes
autres ; car, les temps anciens, ainsi que les temps
modernes, offrent en métaphysique de nombreux exemples de la confiance que mettent les philosophes dans
leurs propres inspirations ; il n'est pas douteux que le
même sentiment de croyance, dans la force de l'intelligence de l'homme, ne dirigeât l'école du philosophe

grec Zénon, école qui plaçait, elle aussi, selon la parole du maître, la vérité entière dans le témoignage des sens.

Les Romains, eux-mêmes, traduisirent cet enseignement par cette courte maxime : *Nihil est in intellectu quad non prius fuerit in sensu.* — La question, par ce moyen était claire, précise, tranchée ; elle était à la portée de tous, chacun l'avait sous la main et pouvait la saisir. Cette théorie philosophique — rien n'est dans l'esprit avant d'avoir été dans le sens — en grande faveur, pendant un très-long temps, parmi les philosophes, a dû peser nécessairement sur l'esprit de Buffon, lorsqu'il créa son système des sensations appliquées aux animaux.

Descartes en jugeait tout autrement ; pour lui, comme je l'ai déjà dit, les sens des animaux ne formaient que l'engrenage varié, multiple de leur organisme, les sens, selon ce philosophe, recevaient d'eux-mêmes, par leur propre motion, dérivant des lois générales du mouvement, et, à l'instar de l'impulsion mécanique donnée aux machines, recevaient, dis-je, le mouvement, et sans que les animaux eussent jamais conscience de leurs actes. Cette supposition, matériellement mécanique, vis-à-vis des animaux, était une fausse appréciation de leur nature. C'était mal à propos les exclure complétement de toute participation aux actes de l'intelligence. Mais, à côté de cette erreur philosophique, Descartes se montra plus clairvoyant

envers l'espèce humaine. Sa philosophie inaugura
le système des idées innées qui placent l'homme
au premier rang des êtres, et lui font une part d'intelligence et d'action tout autre que celle des animaux.
Le système des idées innées de Descartes n'étaient
pas, d'ailleurs non plus, une nouveauté en philosophie ; les documents philosophiques de l'antiquité
nous éclairent sur ce point et, en les rappelant, *je
ne crois pas m'écarter* de la question principale qui
nous intéresse ; ils font corps avec elle. Ces documents sont la preuve que, dans tous les temps, les
questions psychologiques, qui toutes se relient entre
elles et se pondèrent les unes par les autres, ont occupé
les grands esprits, les hautes intelligences.

C'est ainsi que dans les académies des anciens philosophes, la perception des choses, en ce qui concerne le
vrai ou le faux, qu'il est donné à l'intelligence de
l'homme seul de distinguer — faculté qui établit par-
cela même, dans cet ordre d'idées, une suprême démar-
cation spiritualiste entre les animaux et l'homme —
en se rattachant à la grande question de la certitude,
soulevait d'opiniâtres et ardentes controverses. Chaque
école philosophique interprétait la question à l'aide des
règles propres à son enseignement. Ainsi, la certitude
et par conséquent la vérité, n'existaient pas pour les
sceptiques. Cette secte niait la certitude en tout et pour
tout. Les disciples d'Epicure, au contraire, admirent la
certitude à leur manière ; elle était pour eux dans la satis-

faction des sens et dans le culte de la volupté. Plus tard, la nouvelle académie fit surgir une troisième secte philosophique moins résolue, plus flottante dans les idées comme, chez les hommes, cela s'est vu de tout temps et pour toutes choses, et cette école, chez les anciens, enseigna que l'esprit de l'homme ne pouvait atteindre qu'une probabilité plus ou moins grande ; enfin, un dernier système, plus logique que les autres, professait que la vérité était reconnaissable et se distinguait de l'erreur.

Parmi les illustres romains, Cicéron appartenait à cette dernière secte philosophique :

« A mon avis, dit-il, la vérité la plus entière est dans
» le témoignage des sens si, toutefois, ils sont sains, en
» bon état et si l'on éloigne tout ce qui gêne ou trouble
» leur action [1]. »

En effet, la perception des sens n'est pas toujours parfaite et exacte. On croit, dans bien des circonstances, avoir vu ce qui n'est pas : les couleurs trompent la vue ; d'autres fois, l'oreille a mal entendu ou l'objet qui est sous la main se présente sous des formes qui ne sont pas les véritables. Dans ces différents cas, si une attention plus grande et un examen plus sérieux ne viennent pas rectifier l'erreur des sens, redresser *la sensation*, l'esprit se trompe dans son appréciation et, par suite, l'idée fausse transmise par les sens fait naître l'erreur après avoir faussé la sensation.

---

(1) Cicéron : ACADÉMIQUES, tome XXVII, livre II, page 91. Bibliothèque latine-française, édit. Panckoucke.

Cette considération est un argument sérieux contre le système qui donne aux animaux les sensations pour mobile de leurs actions ; la bête n'ayant pas par elle-même le pouvoir, l'intelligence de rectifier l'erreur des sens, les *sensations* qui en proviennent n'étant pas par conséquent réfléchies, raisonnées par l'animal, se trouveraient souvent, par erreur, contraires aux choses appropriées à leur existence. L'instinct des animaux, cette substance une, impulsive, conservatrice de la vie, immatérielle, qui se trouve en eux, comme chez l'homme, et instinct que tout prouve être la substance animaliste des bêtes, sans avoir besoin de recourir à d'autres suppositions, à d'autres recherches pour découvrir leur âme, les sert utilement, au contraire, et leur procure toujours, avec certitude, les choses conformes aux exigences de leur organisation et aux besoins de leur espèce. L'expérience le démontre journellement, et les emmagasinages qui sont formés par diverses espèces d'animaux ne contiennent que ce qui leur est propre et nécessaire à leur vie.

La grande question de la certitude, agitée vivement chez les anciens, n'a pas été abandonnée par la nouvelle philosophie. Les modernes philosophes ont essayé, à leur tour, de porter la lumière sur ce vaste champ de l'idéalisme et, dans l'état actuel de la question, le Criticisme de Kant est la règle philosophique qui a le plus de nouveauté. Kant professe que notre esprit ne peut savoir ce que sont les objets en eux-mêmes, mais seulement ce qu'ils sont par rapport à nous ; en conséquence, il refuse à l'homme la certitude, qu'il appelle *objective*, et lui accorde seulement la certitude *subjective*. C'est dire en cela, moins clairement il me semble et, en d'autres termes, que nous ignorons la substance des choses qui nous apparaissent et le fond des sentiments que nous éprouvons. C'est, dès lors, une certitude relative à la somme de puissance compréhensive que la créature a reçue de Dieu et, par cela même, cette certitude doit suffire à l'homme pour connaître la vérité.

Mais, si la théorie de la perception en s'assurant par le toucher, par exemple, de la consistance de l'objet placé sous la main, répondait à la perception des corps extérieurs, à une vérité particulière que détermine la sensation, il y avait encore à rechercher l'origine des perceptions générales, intellectuelles et intimes de l'homme, et les raisons qui peuvent assurer, dans cette série d'idées, que le vrai pouvait avec certitude se séparer du faux.

Cicéron, dans ses *Questions académiques*, poursuit cette seconde tâche et, après avoir classé les idées en deux séries, les unes composées : par exemple la différence à faire d'un cheval avec un chien, et les autres complexes : un homme considéré comme un être mortel et raisonnable ; il livre la première série à la mémoire de l'esprit, qui est faite pour se rappeler la différence d'un cheval avec un chien ; et la seconde, qui se rapporte aux qualités de l'homme, concerne, selon Cicéron :

« Les notions graves en nous — *nobis notitiœ rerum*
» *impremuntur* — sans lesquelles on ne pourrait rien
» comprendre, rien examiner ni discuter ; si ces notions
» étaient fausses, dit-il, comment pourrions-nous nous en
» servir ? comment verrions-nous ce qui serait conve-
» nable à chaque chose, ce qui n'y conviendrait pas [1]? »

Assurément, le contraire serait la négation complète
du jugement, de l'entendement et des autres sentiments
du devoir, et la société qui reposerait sur une pareille
incertitude ne tarderait pas à tomber dans le chaos.

Ainsi, il faut tenir pour constant, avec les esprits philosophiques les plus éclairés, que le *criterium,* pour me
servir du terme de la science, ce moyen de juger la vérité n'a pas été refusé à la nature humaine. Je trouve ce
moyen, suivant les préceptes de la raison et de la bonne
philosophie, dans le témoignage des sens pour les corps
extérieurs ; en morale, dans le témoignage universel des
hommes et, avec le philosophe Maine de Bérian, dans
celui de la conscience et dans les sentiments intimes du
cœur humain. Ainsi l'estime de soi-même devient souvent le mobile des actes de moralité et de l'honneur ;
elle console toujours des injustices des hommes et des
revers de la fortune, celui qui a la conscience d'avoir
rempli ouvertement et loyalement tous ses devoirs sociaux. C'est la gloire modeste, silencieuse et fière de
l'honnête homme et du bon citoyen ; de plus, le senti-

---

[1] Cicéron. ACADÉMIQUES, tome XXVII, page 95, livre II. Bibliothèque
latine-française, édit. Panckoucke.

ment intime de ses devoirs est le meilleur guide de la conscience : elle donne, en premier lieu, la perception des choses honnêtes et bonnes et, si dans la conduite de la vie, les actions honteuses prévalent, la conscience d'une mauvaise action éveille toujours le remords, qui est la peine secrète infligée à l'homme vicieux ou méchant ; c'est le châtiment naturel que la justice divine, qui se révèle ainsi à nous, inflige, dans ce monde, à ceux qui méprisent les règles de l'honnêteté, et les instincts même les plus pervers n'en sont pas exempts. Sans la tranquillité de l'âme, l'honnête homme n'aurait rien pour le séparer de celui qui serait assez heureux ou assez habile pour cacher ses fautes aux yeux de ses semblables ; cela serait injuste par nature et cela ne peut être.

Comme être moral, la société a la conscience, comme les individus, de l'honnêteté et sa conscience comprend de même la moralité des actes qui en sont la suite. L'honnêteté publique, sa moralité en tout point, est d'autant plus respectable que son action intéresse un plus grand nombre et, tôt ou tard, pour l'état qui s'en écarte, la plaie est mortelle et son gouvernement, par cela même de peu de durée, finit toujours mal.

L'incertitude permanente de l'existence des choses ou seulement l'incertitude partielle de certaines choses, d'après quelques philosophes sceptiques à demi, position qui ne serait qu'une erreur perpétuelle et forcée, pour le tout ou pour une partie des choses de la vie et des

sentiments qui en constituent l'existence morale, n'est
donc pas l'état naturel de l'homme et de la société;
prétendre le contraire, c'est blasphémer la sagesse
divine, méconnaitre l'uniformité de ses règles et nier
que le bien puisse toujours se distinguer du mal.
Cependant, sans cette certitude réelle tout serait confusion, et la société des hommes, si différente de l'instinct
sociable des animaux, société humaine qui puise sa
véritable force dans le bien, l'honnêteté, la vérité et la
justice, n'aurait eu aucune base solide pour se fonder
et vivre; heureusement, une foi plus rassurante a gou-
verné le monde; car le scepticisme, dans sa froide et
stérile négation, mine, détruit et jamais son esprit
d'indifférence et de doute n'a pu édifier ni fonder rien
de grand et de durable.

Plus tard, lorsque les lumières de la nouvelle société
lui eurent permis de s'élever à l'intelligence de ces
matières, les anciens systèmes philosophiques se re-
produisirent. Les philosophes modernes, en remettant
en honneur la science métaphysique, firent de nouveaux efforts pour découvrir les véritables sources des
idées et des sentiments des hommes. Ces questions,
comme dans la société grecque et romaine, se sont
longuement et savamment agitées dans le xvii° et le
xviii° siècles : (c'était également le temps d'ardentes
controverses religieuses). L'esprit de l'homme a dé-
ployé, dans cette démonstration, toute la sagacité dont
il était capable ; les nombreuses et volumineuses dis-

sertations, à ce sujet, n'ont pas fait défaut : Descartes, comme je le rappelle au commencement de cette étude, inaugura le système des idées innées qui ont la plus grande analogie avec les notions gravées en nous, dont parle Cicéron ; et les idées comprenant les idées de Dieu, de l'espace, de l'infini, du parfait et du juste — notions intellectuelles entièrement étrangères à la nature des bêtes — furent apposées à celles acquises par l'usage des sens et par l'expérience. L'espace, cette idée de l'infini, n'a pas échappé à la sagacité curieuse des recherches philosophiques anciennes et modernes. D'après les anciens philosophes, l'espace est le récipient des êtres [1] et dans les systèmes modernes, le célèbre physicien et astronome anglais Newton l'identifie avec Dieu même, et Pascal en fait une sphère dont la circonférence est infinie et le centre nulle part.

Dans cet ordre d'idées métaphysiques, l'espace n'a ni commencement ni fin : c'est l'infini dans la force du mot. Cette étendue incommensurable que la pensée peut embrasser, mais que la raison ne comprend pas, se réchauffe et s'éclaire à l'immense foyer des rayons solaires ; cet astre fixe, lumineux et régulateur des planètes et des étoiles du firmament qui brillent de leur propre feu, d'un si grand éclat à nos yeux, sert de point central et d'appui à la science astronomique pour suivre le mouvement des corps célestes dans leur orbite et leur

_____

(1) Plutarque. DE L'ESPACE. Œuvres morales, tome IV, chap. XIX, livre Ier, Qu'est-ce que la nature ? Traduction Ricard (grec).

attraction réciproque ; c'est dans cet océan de lumière
que le système d'équilibre, de pondération et de gravi-
tation des corps entre eux, selon leur poids, introduit
au xviiᵉ siècle par Newton, explique, au moins à nos
yeux et selon la portée de notre entendement, la fixité
apparente de tout ce qui nous entoure. Depuis des
siècles la science de l'astronomie et de la physique, qui
est la même, n'a cessé de perfectionner ses moyens
d'étude géographique et d'invention cosmographique,
pour arriver à une plus haute connaissance de l'Univers. L'esprit humain a progressé sur ce point comme
sur d'autres ; son génie lui a tracé de nouvelles routes
et des idées plus justes et plus mathématiques; des
savants physiciens ont donné des mesures démonstra-
tives plus exactes qui ont fait prévaloir les nouveaux
systèmes sur les anciens. Comme exemple, je me bor-
nerai à celui qui nous touche de plus près et qui concerne la terre, que l'astronome Copernic, au xviᵉ siècle,
a placé dans un mouvement de translation et de rotation,
contrairement à ce qu'avait enseigné, jusque là, le
système de l'astronome grec Ptolémée, qui plaçait la
terre au centre du monde et faisait tourner autour d'elle
le soleil et les astres.

Les nouvelles et nombreuses expériences sont venues
confirmer la vérité du système de Copernic ; aujour-
d'hui, il reste pour constant que la terre opère sa
révolution autour du soleil, par un mouvement d'occi-
dent en orient annuel et une rotation diurne, d'où nous

arrive le changement des saisons, le jour et la nuit. Cette marche de la terre qui divise le temps, image mobile de l'éternité, selon Platon, incorporel et infini comme l'espace, et qui, par le moyen du méridien solaire, sert maintenant d'unité de mesure dans notre système métrique, s'harmonise avec le jeu régulier des planètes et des nombreux météores lumineux jetés dans l'espace et venant se vivifier au foyer resplendissant du soleil. C'est le spectacle le plus imposant que Dieu, en se révélant à nos yeux, dans son ouvrage, pouvait offrir à la raison qui est faite pour comprendre que rien ne sort du néant.

La philosophie des idées innées élevait la nature de l'homme et donnait à l'âme sa juste part dans les actions humaines. Aussi, le système de Descartes compta de nombreux partisans : Leibnitz, Malebranche, Bossuet, Fénélon et beaucoup d'autres écrivains et profonds philosophes de l'époque admirent les idées innées. Les philosophes du xviiie siècle, au contraire, se sont attachés, pour la plupart, à combattre les doctrines de Descartes et de son école. La plume de Locke, de Condillac et de Voltaire, s'efforça de démontrer l'inutilité de la supposition des idées innées et le dernier état de la philosophie sur ce point, principalement les écoles d'Hégel et de Kant, philosophes de la brumeuse Allemagne, est d'admettre que les sens suffisent pour former les idées avec l'aide de la raison. C'est avoir mis bien des siècles pour jouer subtilement sur les mots;

car, la raison qui est le souffle de Dieu, ne diffère pas, au fond, des notions gravées en nous d'après Cicéron, ou des idées innées de Descartes, qui sont les facultés de l'âme.

Toutes les controverses de l'école philosophique des XVIIᵉ et XVIIIᵉ siècles étaient placées au rang des questions d'État. Ce travail de l'esprit philosophique devait se faire sentir ; et, sans contredit, il est devenu la source principale des doctrines sociales et divergentes des partis politiques de notre époque. Les empereurs, les rois et les princes des XVIIᵉ et XVIIIᵉ siècles s'y attachaient et comblaient de faveurs les philosophes du temps.

L'Europe civilisée était en partie représentée dans ces débats métaphysiques : l'Allemagne s'honorait de Leibnitz ; l'Angleterre, de Locke, et la France produisait ses nombreux philosophes et penseurs. L'empire du Nord, la Moscovie n'avaient point de place à ces protocoles de l'esprit philosophique ; seulement, en 1710, le czar Pierre-le-Grand, d'après les conseils de Leibnitz, créa une académie à Saint-Pétersbourg et, en 1765, Catherine II acheta 50,000 francs la bibliothèque de Diderot, à condition qu'il continuerait d'en jouir. C'est ainsi que ces deux souverains de l'empire de Russie prêtaient leur concours aux idées intellectuelles de ces siècles de lumière.

L'esprit public européen applaudissait également à ces nouveautés philosophiques savamment déduites : rien ne plaît tant à l'homme que de tout connaître et de tout expliquer. Ces doctrines étaient reçues avec empressement dans le monde lettré ; le livre prenait place dans chaque bibliothèque : la lecture de nos jours est plus brève et plus rapide. Le journal, généralement, en fournit chaque matin la matière dans ses colonnes : c'est plus vite fait ; mais les fausses doctrines propagées et répandues journellement par la mauvaise presse, qui parle aux passions et aux convoitises de tout genre, n'en sont que plus funestes et dangereuses en surexcitant, illusionnant l'esprit des classes impropres à juger sainement certaines matières.

La liberté de la pensée est un courant moral dont le correctif efficace est un point difficultueux à trouver. Cette raison oblige la société à se prémunir prudemment contre le mal qui peut en résulter. Je ne saurais affirmer cette opinion : qu'il suffit pour paralyser les excès de la pensée, du bon sens et de la sagesse de l'esprit public ; ces qualités, dans l'esprit public, sont le plus souvent problématiques ou elles se perdent au milieu des passions ardentes et actives des partis révolutionnaires. Mais une chose rassurante, c'est que la science philosophique elle-même, en attaquant justement les abus, les préjugés anciens, n'a point cependant, dans ses exigences réformatrices, modifié ou changé les lois fondamentales du monde. Les fausses doctrines nouvelles, en principes sociaux, en morale, en religion, ne le feront pas davantage. Ce qui était vrai alors, au temps des controverses philosophiques, l'est encore

aujourd'hui ; il y a des principes éternels et des choses immuables ; on peut les obscurcir par des subtilités d'esprit ou de faux raisonnements intéressés,
comme malheureusement notre époque de luttes ambitieuses et de partis le démontre trop souvent ; mais la
rouille s'attache à l'erreur et en détruit peu à peu la
substance, même au milieu du triomphe momentané du
mal.

Le xviiie siècle fut aussi une époque de conquêtes pré-
cieuses pour l'esprit ; l'égalité des hommes en sortit
victorieuse ; cependant cette légitime aspiration humaine
n'est pas sans embarras ; l'égalité se perd souvent dans
d'injustes et vains systèmes théoriques, ou bien le niveau
des intérêts, c'est-à-dire le socialisme, aujourd'hui le
rêve flatteur, l'utopie choyée d'un grand nombre, n'a
que le grave inconvénient de détruire les bases fondamentales de toute société ; de méconnaître l'esprit pratique et journalier du monde, qui fait que les uns conservent, épargnent ; les autres absorbent, dissipent et
détruisent. Ce n'est là, après tout, que la mise en œuvre
de la liberté de chacun et de l'initiative individuelle, ce
stimulant puissant du travail. Certes l'initiative individuelle est une des conquêtes les plus utiles, les plus
fructueuses et les plus intelligentes des temps modernes.
Cependant à l'heure où nous sommes, l'école collecti-
viste, qui a pour fondateur Auguste Comte, resserre,
au contraire, le cercle de l'initiative individuelle, et
remonte le cours des temps, en ce qu'il y avait de

latent et d'insouciant individuellement dans les corporations ouvrières anciennes ; c'est une tendance au monopole universel au profit des sociétés collectivistes, par le moyen d'une réglementation arrêtée dans la rémunération du profit et du salaire ; c'est dépasser les systèmes protectionnistes des produits d'un pays, justement, utilement appliqués, lorsque ces taxes, selon l'école de Colbert et de Turgot, sont dans la mesure commandée par l'infériorité des productions nationales non rémunératrices ; c'est, de plus, porter subrepticement atteinte à la liberté, à son essor, dont l'esprit humain est jaloux : la liberté ! ce mot si puissant qui a remué, dans tous les temps, le monde et qui, encore, le menace sans cesse ; rien, en s'appuyant sur la loi, ne paraît d'une plus facile exécution et, à cet égard, l'opinion de tous devrait être la même ; il n'en est pas ainsi, chacun comprend la liberté à sa guise, et l'un la trouve à l'endroit où l'autre la nie. Chose étrange ! le libéralisme même, qui fait le plus d'étalage, n'est pas celui qui laisse moins de craintes sur l'usage de la liberté. C'est cette difficulté de s'entendre qui compromet souvent la liberté ; le remède au mal n'est pas chose facile à trouver. La société, depuis des siècles, tâtonne sans résoudre sûrement le problème et la civilisation elle-même, avec ses lumières, apparaît quelquefois comme aggravant le mal. L'esprit humain, cependant, n'a rien d'insoluble lorsque la sagesse des temps et de l'expérience y est sincèrement appliquée. C'est ainsi

que la société des hommes se constitue nécessairement à différents degrés de rangs pour suffire à ses
besoins; le travail partagé, divisé, dans ses divers
éléments, est la source la plus abondante et la plus
sûre de l'utilité sociale. C'est un moyen de délassement
fructueux pour l'esprit de tous, et de nos jours chacun,
à la différence des anciennes sociétés dont les mœurs
barbares ou guerrières considéraient le travail comme
une chose dégradante, est appelé à porter à l'édifice
social ce bien de tous, le tribut de son application et
de ses veilles. Il n'y a d'exclusion pour personne, dans
cette œuvre honorée, édifiée, fructifiée en commun,
et, à notre époque de liberté, l'ouvrier intellectuel,
comme l'ouvrier manuel y prend une égale et légitime
part. Les hommes dépendent les uns des autres; ils se
gagent en quelque sorte réciproquement, en raison de
l'utilité des services qu'ils se rendent par leurs ressources et les divers travaux intellectuels ou manuels. L'ensemble de l'univers n'est pas autre chose; la variété,
dans toutes ses parties, en fait la beauté, en consolide
les diverses nuances, en pondère les forces et en facilite
le mouvement invariable. Cette base sert largement de
modèle à une société bien organisée; l'autorité, cette
clef de voûte de l'ordre social, y puise sa force principale et ses moyens d'actions les plus utiles. La stabilité
naît de la sécurité des rangs du monde et les belles et
grandes choses, qui sont les richesses intellectuelles de
l'homme, c'est-à-dire les produits des arts, des lettres

et des sciences, traditionnellement, héréditairement transmises, portent avec elles leur utilité sociale et leur puissance salutaire.

La conclusion à tirer de tout cela, c'est que l'égalité de condition, de fortune est aussi impossible que l'égalité dans les qualités intellectuelles, morales et physiques des hommes ; l'inégalité, en tout, est une loi de nature que rien ne peut changer ; seulement, il est au pouvoir de l'homme d'en diminuer les distances, en élevant son esprit par le travail, l'étude, et en mettant, dans sa conduite, de l'ordre et de l'économie ; dans ces conditions, il est rare qu'avec le temps, on n'arrive pas au bien-être de la vie.

Les richesses proviennent des relations des hommes, de leur travail et du commerce qui en est la suite ; le luxe en est l'ornement et en rehausse l'éclat. « Le luxe, » dit Montesquieu, est toujours en proportion avec » l'inégalité des fortunes. Si, dans un État, les richesses » sont également partagées, il n'y aura point de luxe, » car il n'est fondé que sur les commodités qu'on se » donne par le travail des autres [1] . » Nécessairement, un état sans luxe, verrait bientôt la pauvreté prendre la place des richesses ; chacun alors manquerait des choses nécessaires à la vie, parce que la fortune étant égale pour tous, personne ne voudrait s'occuper de produire et de confectionner. C'est là un des arguments

[1] Montesquieu. Esprit des Lois, livre vii, chap. 1er.

les plus solides contre le communisme qui marcherait ainsi à rebours des intérêts et des besoins naturels des sociétés.

L'histoire cependant, comme exemple de sobriété sociale, mentionne les lois de Lycurgue et de Platon, qui prescrivirent l'égalité des richesses et bannirent, par ce moyen, le luxe de leur gouvernement petit et austère. Depuis ces époques reculées, l'expérience de la société des hommes a démontré que ces théories législatives ne sont pas en harmonie avec la pratique des choses humaines ; il est même à croire qu'une société, si restreinte qu'elle soit, étant régie de la sorte, ne serait pas heureuse et se lasserait bientôt de la monotonie d'une existence sociale sans émulation et placée dans de pareilles conditions. Probablement, les Ilotes malheureux de Lacédémone devaient, en partie, leur humiliant esclavage à la parcimonie des lois de Lycurgue. Il n'est donc pas étonnant que la sobriété sociale des temps primitifs ait cédé à des besoins plus grands, et aux exigences légitimes d'une société plus largement et plus librement assise. Le commerce qui s'établit entre les diverses nations et le génie propre à chaque peuple, firent naître les richesses, les arts et le luxe ; la perfection des arts qui s'éleva, avec les progrès de la civilisation, multiplia les commodités et les aisances de la vie. L'ancienne société, comme la nouvelle, ambitionna individuellement son bien-être ; chacun s'attribua, selon ses ressources, ce qu'il trouva de bon et de convenable chez les autres. En Asie, les arts, les richesses et le luxe brillèrent à Babylone ; chez le peuple Egyptien, Thèbes eut ses richesses et son luxe ; en Afrique, Carthage ne le céda en rien sur ce point aux autres peuples ; et, dans la Grèce, le peuple d'Athènes précéda, par son luxe, les richesses somptueuses de Rome. Naturellement, on aime les choses somptueuses et belles : c'est un penchant du cœur humain qui se développe avec la civilisation. Cette jouissance dont l'excès seul conduit à la mollesse et énerve l'esprit et le corps, n'a rien que de très-légitime et ces limites ressortent de la nature du gouvernement qui régit un peuple : Par exemple, si, d'après les anciens, la frugalité, la simplicité austère des mœurs et le désintéressement surtout, — ce qui est peu pratiqué et peu compris de notre temps,—sont de l'essence de la République, la monarchie, au contraire, s'accommode très-bien des richesses et du luxe qui fonctionnent utilement, dans l'intérêt social de ce régime, en devenant une cause de travail et une source de bon goût. La magnificence des rois et des empereurs, le faste des grands et des riches élèvent et grandissent les nations, en provoquant le génie des arts et l'esprit inventif des grandes et belles choses. C'est ainsi que le considère Montesquieu, en se résumant au sujet des événements qui se produisirent dans les divers gouvernements des anciens peuples : « Les républiques, dit-il, finissent « par le luxe; les monarchies, par la pauvreté [1]. »

---

[1] Montesquieu. Esprit des Lois, livre VII, chap. VII.

Ces raisons diverses, si simples, d'une vérité si évidente, à chaque point qu'elles touchent, ne sont pas
moins contestées, méconnues, à notre époque de civilisation et de lumières, et les visées politiques et sociales
qui en découlent sont peu rassurantes, agitent les mas-
ses et provoquent les exigences inextinguibles de tous,
et les convoitises démagogiques. Il est à craindre que la
société et le pays ne souffrent, de plus en plus, de cette
décadence de raison, de ce panégyrique des mots, en
tous sens, et souvent contradictoires ; de ce labyrinthe
d'idées et de confusion, de langage social et politique,
qu'on peut comparer, sans trop d'exagération, à la confusion des langues de la tour de Babel ; mais aucun
cataclysme, n'est assez puissant pour étouffer la vérité,
quels qu'en soient les éléments perturbateurs. Aussi en
psychologie, malgré tous les systèmes sceptiques de
l'ancienne et de la nouvelle philosophie ingénieusement
combinés, l'âme a conservé ses attributs qui se déve-
loppent par la bonne éducation et la pratique du
bien.

C'est pour cela que dans le langage qui a rapport à la
morale, l'esprit qui est la faculté générale, intellectuelle
et le terme générique de toutes les autres, a ses qualifi-
cations distinctives, nombreuses, bonnes ou mauvaises,
selon le plus ou moins de sagesse qui préside aux
actions et à la conduite des hommes. Pour en citer
quelques espèces, on range dans le monde, du côté du
mal, les esprits brouillons, petits, méchants, ingrats,

fourbes, envieux, jaloux, ambitieux, colères, orgueilleux, faux, paresseux, lents et mous ; d'autre part, ceux qui agissent en bien, se montrent bons, fermes courageux, grands, véridiques, conciliants, sincères, élevés, généreux, reconnaissants, justes, vastes, prévoyants, prompts et vifs ; c'est à l'aide de ce dernier genre d'esprit qu'on réussit avec avantage dans l'expédition des affaires et dans la marche rapide des choses.

Mais, à cet égard, Vauvenargues, l'auteur honnête et judicieux de l'introduction à la connaissance de l'esprit humain, fait l'observation suivante : « Ce n'est pas un » grand avantage d'avoir l'esprit vif, si on ne l'a juste ; » la perfection d'une pendule n'est pas d'aller vite, mais » d'être réglée [1] . » Dans le sens de cet exemple, aussi simple que vrai, la raison règle l'esprit ; c'est dans le domaine de cette faculté intellectuelle qu'en toutes choses se trouvent la sagesse, le savoir-vivre et l'à-propos ; si les bons instincts de l'esprit éveillent les bonnes inspirations de l'âme, il n'est pas moins certain que la raison et le jugement en dirigent utilement les opérations et en assurent, dans le cours de la vie, le tact et la justesse.

« Savoir bien rapprocher les choses, ajoute le même » écrivain, voilà l'esprit juste ; le don de rapprocher » beaucoup de choses et de grandes choses, fait les

---

(1) Vauvenargues, Réflexions et Maximes.

» esprits vastes ; ainsi, la justesse paraît être le premier
» degré et une condition très-nécessaire de la vraie
» étendue de l'esprit. »

En caractérisant de la sorte l'étendue et la justesse de
l'esprit, on peut, à plus forte raison, en apprécier les
qualités morales qui sont, dans la pratique de la vie,
visibles et appréciables pour l'homme et dépendent de
son libre arbitre. Nul doute que la mesure qui décide
du bien et du mal, si l'homme est sain d'esprit, ne soit
à la portée de sa volonté réfléchie, puisque dans le choix
qui est à son pouvoir, la mesure du bien se trouve dans
les choses mêmes qui gouvernent avec honnêteté, utilité
et justice, le monde et l'ordre social.

Cependant, la qualification bonne ou mauvaise de
l'esprit, dans ses diverses fonctions, n'a pas suffi à la
hardiesse des conceptions philosophiques. C'est ainsi,
que dans l'ancienne comme dans la nouvelle philosophie, plusieurs systèmes se sont produits pour définir
la nature de l'esprit, pénétrer son essence et pour dési-
gner même le lieu ou la partie du corps où siége le
flambeau de la vie, qui éclaire l'homme tout autrement que l'instinct vital des brutes.

D'après la théorie la plus ancienne, celle d'Aristote, de
Zénon et de Platon ; l'univers a une âme sentitive et
végétative, l'esprit est partout ; c'est Dieu lui-même
répandu en tout lieu ; plus tard, Démocrite et Epicure,
trouvèrent la vie dans les sens et la rendirent inhérente
à la matière humaine. Dans les temps modernes, les

mêmes systèmes se sont reproduits avec quelques
variantes. Le Panthéisme de Spinosa, identifiait Dieu et
la nature et détruisait, par cela même, toute religion et
tout culte que le catholicisme a élevé bien haut par ses
cérémonies religieuses et sa hiérarchie sacerdotale, toutes choses qui parlent, tout à la fois, à l'esprit et au cœur
et répondent au besoin qu'a l'homme de satisfaire les aspirations élevées de son être. Les nerfs, en médecine, d'après
quelques savants physiologistes de ce siècle, notamment, Bichat et Broussais, renferment dans l'organisme
humain le sentiment de la sensibilité vitale. L'essence
de l'esprit, d'après Descartes, est dans la pensée : son
siége est le cervelet : de même les *monades* inventées
par Leibnitz sont des substances actives et sensibles et
la pensée en est la conséquence. Quelques autres philosophes professent que le siége de l'esprit, suivant qu'il
agit dans tel sens ou dans tel autre, est au cœur ou à la
tête ; mais tout prouve, du moins, que cette dernière
partie du corps possède exclusivement le sentiment
réfléchi de la sensibilité et du *moi ;* car, l'homme qui
n'a plus sa tête ne se rend plus compte de rien et il perd
aussitôt la raison et le sentiment de son existence. Enfin,
nos physiologistes modernes de l'école phrénologiste et
fataliste de Gall, mesurent l'instinct du bien ou du mal,
la valeur, le genre, l'étendue de l'esprit, ses aptitudes
aux arts et aux sciences, à certaines protubérances du
cerveau.

L'étude de tous ces systèmes empiriques ou rationalistes, n'enseigne et n'apprend qu'une chose : c'est l'accord des philosophes de tous les temps, pour recon- naître en nous deux substances distinctes, l'âme et le corps ; tout se borne pour le reste à des conjectures combinées d'une manière hasardée ou plus ou moins ingénieuse. Ainsi, si dans une matière aussi délicate, il m'est permis d'émettre une simple réflexion fondée sur la psychologie réelle, une seule chose, dans cette question idéologique, est pour moi démontrée : c'est l'union inti- me et universelle de l'âme avec le corps, et l'action réciproque et solidaire de l'âme sur le corps et de ce dernier sur l'âme. Il en résulte que les mouvements intel- lectuels sont nécessairement en rapport avec la perfection du corps lui-même et s'équilibrent avec la pureté plus ou moins grande du sang, la délicatesse et la perfection des organes et des nerfs qui, selon l'opinion générale des physiologistes, servent de truchement et de conducteur à l'âme. Sur ce point, l'expérience de la vie démontre également que la nature humaine est quelquefois plus longue à se fortifier et à se perfectionner chez certains sujets que chez d'autres ; l'esprit, dans ce cas, suit cette lenteur et se développe d'habitude tardivement. Cette circonstance peut avoir de bons résultats : l'esprit tardif a souvent plus de vigueur et plus de succès dans les affaires sérieuses et pratiques du monde ; la légèreté de l'esprit est quelquefois, faute d'expérience, la com- pagne d'un tempéramment trop vite développé et de l'intelligence trop précoce ; le naturel, cependant, est la cause la plus ordinaire de la légèreté de l'esprit : pour ce genre d'esprit, il n'y a pas de lendemain, et dans ses inspirations le présent seul entre en ligne de compte. Rien n'est assis ni dans la tête, ni dans le cœur de l'homme que la légèreté domine. L'esprit léger change comme le temps, et pour l'homme ainsi fait, tout ce qui arrive est toujours bien venu. Le style même de l'écrivain n'échappe pas aux inconvénients de ce défaut de l'esprit et du caractère de l'homme; le style a donné naissance à une maxime qui est vraie, comme toutes celles dont l'expérience a démontré la sagesse : *le style c'est l'homme*. En ce sens caractéristique du naturel de l'homme cette maxime est d'une juste application, car la touche de l'écrivain révèle toujours la trempe de son esprit, et la forme de son style s'adapte à ses pensées, à ses sentiments, et en reflète la nature, la valeur, la bonne foi, la clarté, la justesse, le calme ou la violence; dans la presse surtout, la polémique des partis politiques en fournit journellement la preuve. « Je le » dirai toujours : C'est la modération qui gouverne » les hommes et non les excès [1]. Dans la » plupart des auteurs, dit encore Montesquieu, je » vois l'homme qui écrit; dans Montaigne, l'homme » qui pense [2]. » Ce jugement honore Montaigne et peint son genre d'esprit; mais ce modèle se trouve, à un plus haut degré de vérité, dans l'auteur de l'*Esprit*

---

[1] Montesquieu. ESPRIT DES LOIS, liv. XXII, chap. XXII.

[2] PENSÉES DIVERSES.

des Lois lui-même, dont le style nerveux, élégant et concis s'adresse constamment au jugement et à la pensée du lecteur. C'est un mérite qui s'attache toujours à la précision du style, lorsque surtout, comme dans Montesquieu, il joint la clarté de la pensée à la pureté de la diction qui en fait l'élégance.

Cet avantage n'est pas celui qui résulte du style diffus et prolixe ; dans ces deux cas, c'est le contraire qui arrive, et la reproduction des mêmes pensées, sous toutes les formes, conduit rarement à une juste conclusion :

« Tout ce qu'on dit de trop est fade et rebutant,
« L'esprit rassasié le rejette à l'instant :
« Qui ne sait se borner ne sut jamais écrire »

a dit Boileau.

La diffusion du style, n'est que le produit de la diffusion des idées, et ce genre d'écrit brille plutôt par la phrase et ses périodes arrondies, que par la fixité des pensées et des principes de l'écrivain.

Après avoir parcouru, dans ce qui précède, une partie des matières nombreuses, philosophiques, scientifiques, morales et sociales qui sont dans le domaine de l'esprit de l'homme et de son intelligence, je reviens à la question qui concerne spécialement l'intelligence des animaux.

L'opinion des philosophes, à ce sujet, dans tout ce que j'ai précédemment indiqué, reste indécise, obscure, hypothétique ou arbitraire. Cependant, quelques grands esprits, notamment Bossuet, au XVIII⁰ siècle, en exprimant cette opinion, que notre âme a deux parties : la *sensitive* et la *raisonnable*, accordait l'âme sensitive aux bêtes. C'était déjà faire une part plus affirmée, plus juste à l'intelligence des animaux [1]. Cette dernière opinion a prévalu ; elle a pris même plus d'extension : non-seulement l'automatisme des bêtes est abandonné, mais aujourd'hui, les doctrines philosophiques les plus accréditées, les plus autorisées en psychologie, reconnaissent que certaines facultés de l'âme humaine se révèlent, à un certain degré, chez les bêtes ; toute la difficulté consiste à reconnaître ces facultés de l'esprit à les énumérer et à les *préciser*. Pour moi, ces facultés sont peu nombreuses ; elles se composent seulement de *l'attention*, de *la perception*, de *la mémoire*, de *l'exécution*. Cette courte nomenclature intellectuelle, spiritualiste, à laquelle, seulement et clairement, l'intelligence des animaux, *lorsqu'elle y est dirigée*, participe jusqu'à une certaine mesure, est loin de faire le compte des physiologistes et des psychologues vitalistes. Leur système n'est pas restrictif et, par un habile et savant amalgame physiologique et métaphysique des diverses facultés de l'esprit, l'intelligence de l'homme se confond avec celle de la bête, sauf quelques restrictions et distinctions obscures, subtiles et hypothétiques. Aussi, les psychologues de cette opinion donnent-ils aux bêtes toutes les facultés de l'homme ; dès lors, ils ne craignent pas d'attribuer aux animaux, et par eux-mêmes, l'usage complet des

_____

[1] Bossuet. TRAITÉ DE LA CONNAISSANCE DE DIEU ET DE SOI-MÊME.

4

facultés de l'espèce humaine, au nombre desquelles figurent, au premier rang, la *pensée* et le *jugement*, cette haute et dernière faculté qui réfléchit, apprécie, raisonne, compare, juge, et n'est au fond que la raison ; là, se trouvent l'exagération excessive et l'erreur de l'opinion des psychologues qui élèvent par une sorte de mirage, et non par une réalité fondée, la spiritualité des bêtes à la hauteur de ces deux facultés de l'esprit : la pensée et le jugement ; je me borne à noter sur ce sujet l'opinion de quelques auteurs parmi un plus grand nombre d'écrivains qui pensent de même, ou qui formulent sur cette question, des appréciations psychologiques diverses (1) .

Tout concourt au contraire, à prouver, ainsi que le témoigne Cicéron, dans le passage de ses œuvres que je cite en commençant, que la raison, qui n'est que le jugement, comme je viens de l'indiquer, est uniquement dans le domaine de l'homme et un privilége de sa nature ; la preuve constitutive en résulte de *l'essence* même de ces deux facultés qui procèdent de *l'unité* et qui sont *inséparables* du *progrès* et de *l'amé-*

---

(1) « Les bêtes sentent, comparent, jugent, réfléchissent, concluent, se
» souviennent, etc.; elles ont en fait d'idées suivies tout ce dont on a besoin
» pour parler. » Leroy, LETTRES PHILOSOPHIQUES SUR L'INTELLIGENCE DES
ANIMAUX.

« Les animaux reçoivent par leurs sens, des sensations semblables à celles
» que nous recevons par les nôtres ; ils conservent comme nous, la trace de
» ces impressions ; ces impressions conservées forment pour eux comme pour
» nous, des associations nombreuses et variées ; ils les combinent, ils en tirent
» des rapports, ils en déduisent des jugements, etc. » Flourens, DE L'INSTINCT
ET DE L'INTELLIGENCE DES ANIMAUX. 2ᵉ édition page 49.

lioration des choses ; et, comme chez les animaux, rien ne progresse, ne change, ne s'améliore par eux-mêmes et de leur propre fait, c'est à tort qu'on leur accorde la pensée et le jugement et, en les gratifiant de ces deux facultés, on tombe nécessairement dans le domaine de l'arbitraire ou des récits fantastiques : la pensée et le jugement sont deux prérogatives de l'homme. La conséquence qui s'en suit, c'est que l'homme seul a le pouvoir de faire de lui-même usage de la pensée qui est la faculté intelligente, principale, éminemment inventive, active, créatrice, prévoyante et la source première du perfectionnement des choses de la vie ; or, rien de fondé en tout cela n'apparaît dans la conduite propre, intime, pratique des bêtes ; la pensée d'actions initiatives, de combinaisons, de décisions réfléchies, de sensations raisonnées n'est donc pas constitutive du principe vital et intellectuel des animaux.

Aussi, l'emprunt, quoique momentanément fait à l'âme humaine, de quelques-unes de ses facultés qui apparaissent dans les phénomènes psychologiques de la nature animale, ne peut avoir pour conséquence d'établir que le même flambeau spiritualiste, anime, éclaire la bête et l'homme qui a sur l'animal un empire absolu ; seulement, il en résulte la preuve qu'il existe dans l'être animal, dans la *partie de l'instinct*, que la bête partage avec l'homme, un principe ou plutôt un *germe, un point spiritualiste !* si l'on aime mieux, susceptible d'une *certaine perfection* d'intelligence et capable d'être mainte-

une sous la main de l'homme et *dirigée*, ainsi intelli-
gemment, *pendant un certain temps*. Mais, ici, une
remarque est à faire, c'est celle que si cette intelligence
chez l'animal s'éteint, comme je l'établirai bientôt, même
lorsque le sujet est bien portant et cela d'elle-même, la
conséquence à en tirer, à plus forte raison, c'est que le
principe intellectuel animal tombe dans le néant à la
mort de la bête. Il en est autrement de l'intelligence de
l'homme qui se maintient d'elle-même avec la santé du
corps ; et cette différence entre le principe vital spiritualiste des deux êtres organisés est une preuve évidente
que l'instinct animaliste de la bête *ne lui survit pas* et
qu'il n'y a d'immortel que l'âme de l'homme.

Les diverses subdivisions des facultés de l'esprit ou
de l'âme, c'est-à-dire, l'attention, la perception, la mémoire et l'exécution que j'accorde aux animaux fonctionnent par le même moyen intellectuel, sans cependant avoir le même rôle à remplir, ni les mêmes causes
d'inspiration à attendre.

L'attention, premièrement, consiste à concentrer
son esprit sur un objet quelconque. L'animal, évidemment, fait usage de cette faculté toutes les fois qu'on le
commande et pendant le temps des leçons qu'on lui
donne pour lui apprendre un exercice qui ne lui est pas
naturel.

La *volonté spontanée, irréfléchie,* suffit pour fixer
l'attention de l'animal. On obtient cette attention par
différents moyens : en employant quelquefois la

menace, la correction, les caresses, les paroles
douces, les gestes encourageants, surtout en offrant à
la bête des douceurs qui flattent le goût de son palais.
Mais, l'attention cesse bientôt si l'animal est livré à ses
propres forces intellectuelles ; il est impuissant à s'y
maintenir par lui-même. Cette volonté attentive chez
l'animal n'est donc pas celle du *moi :* la puissance de
faire ou de ne pas faire de *soi-même* appartient à l'homme seul ; c'est le libre arbitraire, privilége attaché à sa
nature.

L'attention prépare et conduit à la connaissance des
choses ; elle fait naître la *perception*, cette faculté de
l'esprit qui saisit la consistance des objets extérieurs et
dispose l'intelligence à exécuter ce que la perception lui
a fait comprendre. C'est à cet ordre d'intelligence auquel
se rapportent les services variés que, journellement, les
animaux nous rendent ; il en est de même pour les scènes d'intelligence ou les tours d'adresse qu'ils ont appris
et qu'ils exécutent. La différence encore est grande
entre la perception de l'animal et celle de l'homme ;
ce dernier prend, non-seulement une connaissance
plus positive, plus assurée des choses, mais il peut
même produire les choses qu'il a apprises sous d'autres
formes, les améliorer, les perfectionner, ce qui n'est pas
au pouvoir de la bête qui ne reproduit que la *copie*
des choses intellectuelles qui lui ont été apprises sans
qu'elle puisse, d'elle-même et de son *propre fond,* n'y
rien changer.

La *mémoire*, faculté psychologique la plus importante qui se remarque chez les animaux, opère aussi différemment chez les hommes. Les souvenirs chez l'homme, sont indépendants des objets qui peuvent les lui rappeler : il a la puissance de se les remémorier de lui-même, de réfléchir, de se rendre compte mentalement, du passé et de combiner l'avenir. La bête incapable de réflexion ne se souvient que lorsqu'un *objet extérieur* met en jeu sa mémoire ; et ce phénomène intellectuel, que l'expérience démontre exister, chez les animaux, suffit pour leur permettre de représenter fidèlement les scènes d'intelligence qu'ils ont déjà exécutées, ou de recommencer les actes empreints du même caractère intelligent. C'est la même faculté, c'est-à-dire la mémoire, qui les dispose à la *perception* réitérée des choses apprises, et sans laquelle, *l'exécution* des actes d'intelligence que la bête accomplit serait impossible : par exemple, l'animal exercé monte sans crainte sur des balançoires, dont il connait déjà la *solidité*, et sans cette perception de *sécurité* pour lui, il n'est pas douteux qu'il se refuserait à se prêter à cet exercice par instinct de la vie. Dans ces diverses conditions, l'animal a nécessairement *conscience* de ses actes, pour les accomplir ; et ces facultés *momentanées, accidentelles* de percevoir, de vouloir spontanément, de sentir, de comprendre, qui animent l'animal, quoiqu'elles disparaissent avec le *moteur* qui les provoque, et parconséquent en *limite l'exercice* — c'est-à-dire, lorsque l'action de l'homme cesse d'agir sur la bête ou que l'objet qui réveille sa mémoire ne frappe plus ses yeux — ces facultés momentanées, ne suffisent pas moins pour en conclure, qu'il existe chez les bêtes, dans le principe de l'instinct qui les gouverne, autre chose qu'un instinct, en tout et pour tout, rigoureuse- ment et invariablement réglementé, comme généralement on l'a toujours considéré.

Le principe vital, chez les animaux, l'instinct inné, chez la bête, est au contraire, dans certaines mesures, susceptible d'intelligence, puisque certaines facultés de l'esprit se produisent dans l'être animal ; mais comme je l'ai déjà observé, la nature animale ne renferme qu'un *germe*, spiritualiste, en rapport avec les facultés de l'âme humaine énumérées précédemment, et ce côté spiritualiste intellectuel de l'instinct de la bête reste *improductif, endormi* dans l'être animal et sans effet intelligent, s'il est livré au for intérieur seul de la brute. Dans ce cas, l'instinct proprement dit, substance une, immatérielle, impulsive, insaisissable, en un mot son âme, gouverne la bête d'une manière invariable : à cet égard, nulle espèce n'est privilégiée, et n'a de *volonté* de faire ou de pouvoir faire autrement que le commande l'instinct inné : les lois d'unité, d'immo- bilité, appropriées par Dieu, à chaque partie du monde, le veulent ainsi ; ce qui n'empêche pas qu'il y ait des espèces, par exemple, les *vertébrés* plus aptes à l'in- telligence que d'autres : ce sont des qualités, des vertus, qui s'attachent comme chez les hommes, aux espèces, aux races, à la pureté du sang, à la délicatesse des organes, des nerfs, les truchements de l'esprit, et qui n'ont rien de contraire aux lois fondamentales et immuables qui gouvernent l'univers et dont l'instinct fait partie.

Les écrivains qui élèvent et généralisent l'intelligence tacite, interne des animaux, à l'instar de celle de l'homme, ont le soin, à l'appui de leurs écrits et comme signe évident du principe spiritualiste général qui les anime, d'énumérer les actes intelligents qu'on observe dans les habitudes des bêtes ; et en rapprochant ces actes, ces habitudes animales des règles qui régissent le naturel et la conduite des hommes, le thème est tout trouvé ; il reste à le narrer avec art et élégance pour pénétrer et plaire à l'imagination du lecteur. C'est à quoi s'appliquent ces auteurs qui souvent s'illusionnent eux-mêmes sur bien des points, au sujet de leurs livres. · Les historiens naturalistes eux-mêmes, séduits par l'étude attrayante et l'amour de leur science, s'exagèrent souvent, ce qu'il y a de vrai dans l'intelligence des animaux et en dépassent la mesure et les bornes.

Dans l'antiquité, les historiens naturalistes, n'avaient pas moins bonne opinion de l'intelligence des animaux. Chez les grecs, Aristote, dans son histoire des animaux, en fait la description la plus étendue. Pline, chez les romains, en s'occupant de l'instinct des éléphants, s'exprime en ces termes : « Passons aux autres ani-

» maux, et d'abord aux animaux terrestres ; l'éléphant
» est le plus grand de tous et celui dont l'intelligence
» approche le plus de celle de l'homme. Il comprend
» la langue du pays, obéit au commandement, et se
» souvient des devoirs auxquels on l'a formé, il est sen-
» sible à l'amour et à la gloire ; il a de la probité, de
» la prudence, de l'équité, qualités rares même dans
» l'homme, et un religieux respect pour les astres,
» honorant d'un culte particulier le soleil et la lune :
» *solis que ac lunæ veneratio.* (1) »

L'éléphant était considéré, chez les anciens, comme
l'animal le plus intelligent. Malgré la pesanteur de son
corps, les romains avaient dressé l'éléphant à danser
sur la corde. Quelque incroyable que puisse paraitre
une danse sur la corde exécutée par des éléphants, le
témoignage unanime de Sénèque, de Suétone et de
Dion, sur un fait qui avait eu lieu, plusieurs fois à la
vue de tous les romains, ne permet pas de le révoquer
en doute.

Elephantem, dit Sénèque, (epist cxxxv) *minimus
Œthiops jubet subsidere in genua et ambulare per
funem.*

Suétone (galb. c. 6) *novum spectaculi genus ele-
phantos funambulos edidit.*

Dion, ch. cxi vers fin. (2)

---

(1) Pline, le naturaliste. HISTOIRE NATURELLE, livre VIII, tome VI, Bibliothèque latine-française, édit. Pankoucke. (Texte latin, livre VIII, TERRESTRIUM
ANIMALIUM NATURÆ).

(2) HISTOIRE NATURELLE de Pline, notes du livre VIII. Bibliothèque latine-
française, tome VI.

Ce prodige d'adresse d'un animal d'un tel poids, pour conserver l'équilibre sur la surface d'une corde, atteste, à un haut degré, toute l'attention dont est susceptible l'intelligence d'un animal bien dressé.

Il en résulte que, dans tous les temps, les actes d'intelligence, les mœurs mystérieuses et surprenantes des innombrables espèces d'animaux et d'insectes qui peuplent l'univers, et qui concourent, non moins mystérieusement, par leur reproduction infinie et leur coopération destructive, des uns par les autres à en assurer l'équilibre, ont fourni des sujets, qui prêtent généralement à de merveilleux et brillants récits attribués à l'intelligence des animaux.

L'attention des écrivains qui s'occupent de l'intelligence des bêtes, est surtout portée sur les actes des animaux domestiques. Les circonstances qui caractérisent le naturel des animaux, quoique vulgairement connues, n'attachent pas moins l'esprit et ne manquent jamais d'intérêt. Le chien, le compagnon, l'ami de l'homme, est l'animal qui fixe le premier l'attention de l'observateur ; c'est le chien principalement, qui procure par sa sagacité, les nombreuses anecdotes d'intelligence animale qui se rapportent dans le monde.

Ses habitudes domestiques sont tellement variées, qu'elles démontrent, à ne pas en douter, qu'il fait usage plus ou moins longtemps, et jusqu'à un certain degré, de certaines facultés de l'esprit et que je rapporte à l'attention, à la perception, à la mémoire, à l'exécution ;

et cela, dans l'exercice des actes qui lui sont familiers, qui naissent, en frappant ses sens, des objets qui l'entourent ou qu'on exige de lui, lorsqu'il a appris à les connaître et à les exécuter. Journellement, le chien du berger en donne la preuve par les soins qu'il met et l'attention qu'il porte, sur le commandement de son maître, à réunir les bêtes qui sont sous sa garde, lorsqu'elles s'écartent du pâturage qui leur est livré pour paître, ou qu'elles restent en arrière du troupeau. Le chien fournit des exemples d'une attention encore plus grande et plus intelligente ; je ne citerai qu'un seul cas, dont j'ai été le témoin, vers l'année 1820, et que beaucoup de contemporains de cette époque, quoique déjà ancienne, peuvent avoir également le souvenir. Je veux parler du célèbre chien *Munito*, de la race caniche, au poil soyeux et blanc ; animal qui avait le talent de jouer aux *dominos* et que son maître, d'origine italienne, fit connaître à toute l'Europe. Depuis cet exercice surprenant, qui intéressa vivement alors le public, on a su d'où provenait la science du chien Munito : cet animal était doué, dit l'auteur de l'éducation du chien (1), d'une ouïe excessivement fine et exercée à saisir le léger bruit que son maître produisait avec l'ongle ou un cure-dent, la main dans la poche de son pantalon. Munito se promenait gravement, à pas lents, et s'arrêtait bientôt au choix du dé du domino que demandait le jeu de son adversaire.

---

(1) De Tarade. DE L'ÉDUCATION DU CHIEN. 1866. Paris. librairie Eugène Lacroix, éditeur.

Ce résultat ingénieux, témoigne de l'intelligence
du chien Munito et il n'avait pas été probablement,
obtenu, sans une longue et grande persévérance de la
part de son maitre, et il avait fallu, sans doute aussi,
une attention bien souvent exigée et presque permanente de l'animal, pour classer ce phénomène dans sa
mémoire et fixer Munito sur le choix du dé et de son
numéro. Dans toute matière d'une nature délicate et
profonde, comme celle qui nous occupe, la forme et le
titre de l'ouvrage qui en contient l'exposé, servent
souvent à répandre plus facilement de périlleuses et
imaginaires doctrines. Les citations que je place plus
bas, en note, en fournissent un exemple. Mais ces
doctrines que je constate de nouveau par ces citations
et qu'on ne saurait trop réfuter dans ce qu'elles ont
d'exagéré, quant au fond de la question spiritualiste,
proviennent de la fausse application que fait l'école
sensualiste, des sensations produites par les sens ; lesquels sens, chez les animaux, n'ont réellement qu'une
action de douleur ou de plaisir corporel et ne touchent
pas à l'entendement, à la sensibilité spiritualiste de la
bête, incapable d'elle-même d'apprécier et de raisonner
ses sensations [1].

---

[1] Ce n'est pas, dans le dernier sens du renvoi ci-dessus, que l'entendent
les auteurs ci-après cités ; le texte de la citation en est la preuve. « Voyez
» ce chien qui repose à mes pieds, les nerfs de son cerveau se projettent
» aux organes des cinq sens et le mettent en rapport avec le monde extérieur.
» La lumière agit sur ses yeux, le son sur ses oreilles, le goût sur son palais ;
» il en reçoit des sensations et des images qui déterminent une action. Loke
» ne donne pas d'autre origine à nos pensées ; or, dans ces prodiges d'une

Ce n'est donc pas sans un intérêt utile, réel et opportun que de rétroagir sur ces systèmes, afin d'en démontrer l'erreur, de se préoccuper ainsi de la dignité de l'espèce humaine, et de faire en sorte d'élever l'intelligence de l'homme, son fonctionnement, à la hauteur exceptionnelle qui lui appartient parmi les êtres organisés.

C'est une vérité manifeste, et la preuve en résulte clairement de la différence qui existe entre *l'animisme* de l'homme et le *vitalisme* instinctif des bêtes. Cette différence est compréhensible, visible pour tous. En effet, l'intelligence, chez la brute, ainsi que je l'exprime précédemment, ne se réveille, ne sort de sa léthargie, ne paraît dans quelques-uns des divers rouages intellectuels, qui caractérisent idéalement les fonctions de l'esprit, qu'à l'aide d'un signe extérieur. Cette lueur d'intelligence chez la bête, l'usage qu'elle en fait, à court temps, et à un certain degré, se réduit, je le répète, aux simples facultés d'attention, de perception,

---

» intelligence matérielle, comment l'animal montera-t-il, sans que l'homme » descende ? » DE L'ÉDUCATION DES MÈRES DE FAMILLE OU DE LA CIVILISATION DU GENRE HUMAIN, PAR LES FEMMES, par M. Aimé Martin, Lauréat de l'Institut, 3ᵐᵉ édition, 1811.

M. Figuier, dans son édition populaire, LA TERRE AVANT LE DÉLUGE, 1863, émet une semblable opinion sur la valeur de l'intelligence des animaux. On lit page 406 : « Que, dans bien des cas, l'animal agit en vertu d'une décision mûrement pesée. » L'ouvrage énumère beaucoup d'autres écrits et rappelle les noms des auteurs qui élèvent, à la même hauteur, l'intelligence des animaux.

En 1868, la librairie Hachette, Paris ; BIBLIOTHÈQUE DES MERVEILLES, a publié, dans le même esprit, L'INTELLIGENCE DES ANIMAUX, par M. Ernest Menault.

de mémoire, d'exécution : facultés diverses, dans l'énu-
mération des attributs de l'esprit et accidentellement
produites, chez les bêtes, suivant les cas ; soit par la
présence d'un objet extérieur qui frappe les sens de
l'animal, soit par un signal qui lui est familier, et que
la personne qui commande à l'animal exécute devant
lui. Cela est si vrai, — toute merveille à part, — que le
chien premier type de l'intelligence des animaux, n'obtient aucune perception prévoyante, du seul fond intime
de son être ; ne perfectionne, ne change de lui-même
rien qui repose sur l'esprit. Aussi, dans les services
qu'il rend, sa participation à ces services, son obéis-
sance à les accomplir, ne sont pas autres choses que
les résultats de ses habitudes journalières qui réveillent
sa mémoire, ou que lui rappelle le commandement, le
signal de son maître. S'il agit avec plus d'adresse et
de précaution, lorsqu'il a un certain âge que lorsqu'il
est plus jeune, ce qui arrive pour tous les animaux,
cette expérience acquise et supposée, chez les animaux
de toutes espèces, parce qu'elle semble apparente, dans
la conduite qu'ils tiennent quelquefois, n'est cependant
qu'une réminiscence — terme dont se sert Buffon,
après Aristote, pour qualifier la mémoire des animaux,
à la différence de la mémoire réfléchie des hommes —
réminiscence réveillée par les mêmes causes d'un fait
déjà accompli ou d'un danger déjà couru, et phénomène
qui se produit sans que la réflexion prévoyante y participe en rien. La preuve que cela se passe de cette ma-

nière, chez les animaux, résulte par exemple de la promptitude avec laquelle, après le danger évité, l'animal reprend ses allures naturelles et de l'empressement qu'il met à rentrer à son gîte d'habitude, quoique ce gîte serve le plus souvent d'indication pour le découvrir. La bête fauve revient bientôt à son repaire, d'où elle a été chassée ; le renard à sa tanière ; le lièvre à son gîte et la volée de perdreaux au lieu qu'elle avait choisi pour se remiser. L'âge ne donne aucune expérience aux animaux, en dehors des actes que leur mémoire leur rappelle. Si dans certaines circonstances, ce qui arrive principalement à l'occasion de la chasse, la bête poursuivie, traquée, paraît plus ou moins habile dans sa fuite, selon qu'elle est plus ou moins âgée, cette habileté, ce phénomène dépourvu de toute tactique combinée de la bête, a simplement sa première cause, dans l'instinct de la conservation de la vie, instinct·secondé, si l'on veut, par l'âge ou le temps qui rend les sens moins mobiles, moins impressionnables et leur imprime une direction plus fixe et plus sûre : de même, un chien qui ouvre une porte, ne doit cette aptitude qu'à sa mémoire. C'est toujours la main du maître qui dirige le chien savant, dans les exercices pour lesquels principalement cet animal est parfois habilement dressé. Le fumet du gibier flatte la délicatesse de l'odorat du chien de chasse, et son instinct lui rend agréable et facile cet exercice ; mais il ne pourrait en régler la marche lui-même, si les leçons du chasseur ne lui apprenaient pas d'en modérer les mouvements. Jadis, le faucon, à l'œil perçant, cet auxiliaire du chasseur du moyen âge, après s'être élevé par son vol bien haut dans l'air et s'être jeté, comme la foudre, sur le gibier qu'il apercevait, n'oubliait pas de reprendre sa place sur le poing du chasseur son maître. Le même phénomène d'intelligence apprise se trouve, parmi beaucoup d'autres espèces d'animaux ; chez les mammifères comme chez les oiseaux. Dans cette dernière espèce, le perroquet et le sansonnet, répètent les paroles et même les phrases qu'ils ont apprises, par l'attention qu'ils mettent à écouter les leçons qu'on leur donne et qu'ensuite la mémoire leur permet d'articuler. Il en est de même du serin qui écoute attentivement la serinette, et il rend exactement les airs et les modulations de cet instrument de musique. Cette faculté d'imitation intelligente n'est pas moindre chez les singes, mammifères classés par les naturalistes dans la catégorie des quadrumanes. Les singes par la structure de certaines parties de leur corps, ont de l'analogie avec l'espèce humaine et, par conséquent, les idéologues matérialistes, panthéistes, ont conclu de cette ressemblance d'organes, que l'homme n'est qu'un singe perfectionné par la transformation des temps : c'est l'origine simienne : cette origine ou génération spontanée, si elle pouvait être vraie, n'aurait rien d'élevé et de flatteur pour l'espèce humaine ; et ceux qui émettent cette profane et blasphématoire opinion, n'ont assurément que le triste mérite de rabaisser leur propre dignité.

Les singes accomplissent avec intelligence, comme beaucoup d'autres animaux, certains exercices. On les voit, sous la direction de leur maître, exécuter des tours d'acrobates, de saltimbanques et de voltiges d'équitation. Le singe, d'une nature querelleuse et maligne, ne se prête pas de bon cœur à ces exercices : le plus souvent, il travaille avec humeur, avec colère, et témoigne ainsi son mécontentement de la contrainte qu'il subit à remplir le rôle qu'on lui fait jouer.

Les choses bien exécutées donnent la mesure de la dextérité de celui qui opère ; l'ouvrier se connaît à l'œuvre. C'est une qualité que tout le monde n'a pas au même degré ; l'adresse du corps est un don naturel, comme l'habileté de l'esprit ; le travail et l'exercice augmentent la force et la facilité de ces avantages corporels. C'est ainsi que l'adresse des doigts constitue la science des prestidigitateurs et, par cette étude, les artistes de ce genre, qu'on n'a pas vu jusqu'ici parmi les animaux, parviennent à exécuter des tours d'escamotage qui trompent les yeux et restent insolubles pour le public qui assiste à ce spectacle. Ce talent mystérieux avait plus de renom dans le dernier siècle que de nos jours : Comus et Cagliostro se rendirent célèbres par leurs tours d'adresse, et la faveur populaire éleva la puissance magique du dernier personnage, jusqu'à prétendre qu'il rappelait les morts.

D'un autre côté, la souplesse du corps produit l'agilité des membres, et la gymnastique est un moyen qui en développe la puissance et en augmente l'adresse. A ce sujet, l'histoire rapporte que, chez les anciens peuples, cet exercice avait la plus grande faveur. Il tenait surtout une place considérable dans l'éducation des grecs ; les jeux olympiques étaient l'arène solennelle où la Grèce entière concourait tous les quatre ans, et, par imitation, après le peuple grec, le Colysée de Rome, dans son immense enceinte, offrit aux romains, le spectacle sanglant des joûtes athlétiques, stridentes et périlleuses des gladiateurs.

La société moderne n'a pas attaché le même prix à ces exercices qui développaient l'organisation musculaire et fortifiaient le corps. Maintenant, les concours publics n'ont plus pour objet l'adresse et la force physique des hommes ; tout converge vers les produits intellectuels et industriels, et les palais de l'industrie, chez presque toutes les grandes nations, servent aux expositions générales et universelles du luxe, des arts et des inventions de l'esprit moderne. Les tendances des sociétés nouvelles étant poussées, peut-être un peu trop loin, à se procurer le repos et le bien-être, ne devaient pas profiter à l'art gymnastique. Cette méthode d'éducation physique est restée longtemps dans l'oubli. J.-J. Rousseau, dans son livre d'*Emile*, posa les exercices du corps comme la base première de son système d'éducation ; depuis, cette idée renouvelée des anciens, s'est acquise de nombreux partisans, et les exercices gymnastiques sont devenus, en France, à dater de 1818, une méthode généralement goûtée et actuellement suivie dans tous les établissements d'éducation un peu importants ; dans ce moment, on tend à en généraliser l'usage dans les écoles publiques. L'art militaire a également créé ses écoles de gymnase, et la tactique de l'armée y trouve un élément de plus de force stratégique. Dans la guerre de Crimée, les avantages de cette méthode ont eu leur part de gloire ; sans doute, personne, jusqu'ici, n'a pu oublier la surprise des russes à l'apparition subite d'un régiment de zouaves sur les rochers de l'Alma et l'étonnement que leur causèrent leurs manœuvres gymnastiques, sous le commandement du colonel Leclair. C'est en obéissant à la même tactique, que les chasseurs de Vincennes, en traversant Paris, donnaient quelquefois le spectacle curieux de la rapidité de leurs mouvements, et on conçoit alors tout l'élan d'une pareille manœuvre.

L'équitation, qui est l'art de monter à cheval, est un genre spécial de gymnastique. Cet art n'a jamais été négligé ; les services que le cheval rend à l'homme sont trop précieux pour qu'ils aient pu un instant cesser.

Les allures élégantes du cheval, s'allient d'ailleurs avec la fierté de l'homme, et la dextérité du cavalier porte avec elle son mérite et sa grâce. Dans l'art de l'équitation, les règles gymnastiques servent surtout dans la science de la voltige, et le talent des écuyers se

mesure à la souplesse et à la dextérité de leurs mouvements.

C'est également, au moyen des exercices gymnastiques, que les acrobates, saltimbanques et équilibristes
apprennent leurs tours de force et deviennent habiles
dans leurs jeux de souplesse et d'équilibre. Les mêmes
avantages, dès lors, profitent à certaines professions
qui exigent des travaux périlleux, et l'ouvrier qui connaît les principes des exercices du gymnase, court à
coup sûr moins de danger que celui qui se confie à la
seule pratique des travaux de son art.

L'escrime ou l'exercice des armes, dans l'éducation
du monde, a été, de tout temps, considérée comme un
moyen de fortifier le corps et de redresser les allures
de l'homme.

Les anciens tournois étaient, par exemple, des luttes
de courtoisie et, dans le champ clos, l'adresse des che-
valiers répondait à leur brillante armure. L'académie
des armes ne tend plus à ce but ; c'est maintenant un
art de simples spadassins qui apprend, principalement,
à savoir défendre sa vie, si une querelle d'honneur
appelle sur le terrain. Jusqu'ici, la civilisation a été impuissante à faire disparaître de nos mœurs le faux
point d'honneur du duel ; au moyen-âge, le combat
singulier avait pour raison le jugement de Dieu ; de nos
jours, le fond est le même, avec cette différence que nous
abandonnons les lumières de notre esprit pour nous
soumettre à l'empire d'un préjugé ancien et barbare.

Enfin, dans l'organisme de l'homme, la main droite a plus de dextérité que la main gauche. La nature a favorisé le côté droit en lui donnant plus d'adresse et de force, et sa dénomination de côté droit a sa source dans ce privilége naturel. L'exercice ne change rien à la suprématie du côté droit sur le côté gauche ; et ce n'est que par exception, si l'adresse de la main gauche égale celle de la main droite. Dans les circonstances solennelles, et comme signe de bonne foi, c'est la main droite levée que l'homme prend à témoins Dieu et ses semblables ; le commandement est instinctif au bras droit ; l'autorité est dans son geste, et si, dans les usages de la société, la place d'honneur est à droite, c'est encore par droit de distinction, de puissance et de force. Il en résulte que le côté gauche n'a que le second rang et, dès lors, dans le classement des préséances du monde, le côté, en possession de la force, a été préféré au côté physiquement plus faible, mais d'où partent cependant les inspirations généreuses et la noblesse des sentiments. Depuis longtemps, en France, le mérite de ces honneurs publics, se mesure souvent, sous les divers régimes gouvernementaux du pays, à l'esprit et aux choses du jour. Aussi l'esprit sérieux a de la peine à comprendre, au milieu de ces marques distinctives de croix et de rubans, provenant d'origines diverses, que le vrai mérite puisse justement dépendre de la mobilité des choses, de la faveur ou du choix intéressé des hommes et des partis ; à Sparte, la vieillesse seule avait les préséances et les honneurs.

Reprenant le cours de mes observations sur les animaux, j'observe que leur science factice, quelle qu'elle
soit, ne change pas l'uniformité de leur vie naturelle et,
pour me borner à la vie propre du chien, je répète que
le mobile de ses actions ne dépasse jamais le cercle des
choses qu'il a apprises à connaître, à suivre ou qui exci-
tent ses appétits, provoquent sa colère, frappent sa vue,
son oreille, chatouillent, éveillent son odorat fin et
délicat ; c'est en tout, dans les fonctions de sa vie animale, un mouvement intellectuel borné et soumis à des
lois naturelles déterminées et arrêtées.

La pensée humaine, ou plutôt l'âme elle-même,
n'est pas, chez l'homme, renfermée dans un cercle étroit
d'actions bornées et prévues, ni soumises pour se ma-
nifester à une cause motrice, en dehors de l'âme même.
La pensée, chez l'homme, apparaît *proprio motu*, avec
une entière liberté ; elle parcourt de sa propre et intime
inspiration le champ intellectuel le plus vaste et le plus
varié en bien comme en mal.

Le parcours que je prête à la pensée, et qui est un
des pouvoirs réels de ses attributs, me conduit à faire
utilement remarquer que l'existence toute morale de la
pensée en rend évidemment insaisissable le *mouvement* et *l'étendue*. Il n'en est pas de même pour les
diverses fonctions de l'organisme du corps, dont le
mouvement et l'étendue peuvent se mesurer, se calculer
comme cela est possible ; par exemple, en expérimen-
tant la circulation du sang, les battements du cœur,
les pulsations du pouls, le souffle des poumons, etc.

Il résulte donc, nécessairement, de cette différence
substantielle des deux éléments de la vie, que l'essence
de la pensée, n'est pas le produit de l'organisme
humain, et qu'elle échappe par conséquent à la science
physiologique expérimentale qui n'a de prise et de
point d'appui que sur le corps, où se secrètent les
substances matérielles appropriées aux fonctions des
organes de l'homme. C'est vainement que les physiologistes positivistes et la secte inintelligible des solidaires,
veulent y voir autre chose.

C'est la pensée qui est le foyer lumineux de l'esprit
humain ; c'est elle, ainsi que je l'observe précédemment, qui aperçoit la première, à l'aide de la raison
éclairée, les probabilités de l'avenir et, par conséquent,
les résultats qu'on doit en attendre ; de même, l'invention infinie et permanente des grandes et belles choses,
comme les progrès qui les préparent, les perfectionnent
et les assurent sont des attributs qui naissent de l'initiative de ses aspirations élevées et libres. Le génie
que le monde admire, dans le résultat de ses hautes
combinaisons, n'est rien autre chose que l'idéal du
beau, du grand, l'élan de la pensée plus pénétrante et
plus développée, par exception, dans quelques natures
privilégiées. Le génie élève la pensée et électrise l'esprit ;
sa vive lumière devient la source des inspirations grandes
et généreuses. L'homme de génie a le pouvoir d'en
produire instantanément les effets, et, pour me servir
d'une belle expression, solennellement émise : « Le

» génie, c'est le rayon de Dieu. [1] » L'homme a ce haut et intime privilége, la bête ne l'a pas.

« Les ruches des abeilles, dit Pascal, étaient aussi » bien mesurées, il y a mille ans, qu'aujourd'hui, et » chacune d'elles forme cet hexagone exactement la » première fois que la dernière. »

(Pensées de Pascal, 1re partie, art. 1er.)

II

Le rapprochement de l'intelligence de l'homme, avec celle des bêtes, ne se borne pas aux facultés de l'esprit qui ont rapport à la mémoire, à l'attention, à la perception, à l'exécution ; mais il faut encore — sans craindre de rabaisser l'espèce humaine — donner aux animaux une place dans les éléments intellectuels qui caractérisent les sentiments, les mouvements du cœur. Cette loi, attachée à leur nature, est le titre incontestable qui leur acquiert un droit à la protection et aux bons traitements de l'homme.

« Elles ont (les bêtes), dit Montesquieu, des lois natu- » relles, parce qu'elles sont unies par le sentiment ; elles » n'ont point de lois positives, parce qu'elles ne sont » pas unies par la connaissance [2]. »

---

(1) Discours de M. de Salvandy, le 23 février 1855, à l'Académie française.
(2) Montesquieu. Esprit des Lois. liv. 1er, chap. II.

C'est là encore ce qui sépare profondément l'intelligence de l'homme de celle des bêtes, lesquelles n'ont pas de connaissance, c'est-à-dire qu'elles n'ont pas d'elles-mêmes la *conscience* de leurs actions, et il ne leur est pas alors permis de les conformer par le *raisonnement* et, à *l'avance*, par la *réflexion*, aux choses exécutées et faites à propos. La conscience intime, même de son propre être, le *moi*, s'il n'est pas provoqué, réveillé, fait défaut à l'animal, et le soin qu'il semble mettre à sa conservation, n'est que le mouvement inné de l'instinct de la vie que porte en soi — sans en excepter l'homme — chaque être organisé ; et cela, quelque précaution intelligente, en apparence, que les bêtes prennent — suivant la catégorie de l'espèce à laquelle elles appartiennent — soit à se garantir des intempéries des saisons, en s'émigrant à certaines époques, d'un climat à un autre, — émigration annuelle, nombreuse, variée, réglementée parmi les oiseaux et s'exécutant de plusieurs manières, selon l'espèce et dans le plus grand ordre — soit à construire, à confectionner leur demeure, à capturer leur proie, à rechercher, à ramasser, à emmagasiner la substance qui convient exclusivement à leur espèce. C'est le même instinct, la même loi de nature qui les porte à s'écarter sur leur chemin des obstacles qu'ils rencontrent et à éviter, dans le moment même, mais sans appréhension sentie de la mort, l'éminence du danger qui s'offre à leurs yeux.

« Les animaux, dit un écrivain du commencement de
» ce siècle, ne connaissent point la mort, par la raison
» qu'ils ne connaissent pas la vie [1]. »

La connaissance de l'homme est toute différente ; il a
conscience de sa fin. « Le premier jour de votre nais-
» sance, dit Montaigne, vous achemine à mourir comme
» à vivre [2]. »

C'est la chose qu'on ne devrait pas oublier, mais,
c'est là le mal, l'on songe à vivre et jamais à mourir et,
si nous parlons de la mort comme d'une chose pratique
et journalière, notre pensée s'arrête rarement à cette
vérité que nous sommes nous-mêmes sous ses coups et
qu'elle peut inopinément nous atteindre. L'amertume
de la fin de l'homme est le plus souvent préparée par
la surprise que sa négligence d'y songer lui prépare.
Bien des gens se disent disposés et toujours prêts à
mourir, et le plus grand nombre s'illusionne sur ce
point. Quelquefois, on est imprudent avec le danger
qu'on se plaît secrètement à voir loin de soi ; mais, dans
l'espèce, cette faute est commune et fréquente.

L'école des anciens philosophes qui niaient que la
douleur fut un mal, s'appliquaient à dissiper, par des
arguments ingénieux, la crainte des souffrances de la
mort, et les stoïciens prenaient à tâche de l'avoir à mé-
pris. Il est peut-être bon de nier la douleur qu'on ne

---

(1) De Saint-Martin, dit le Philosophe inconnu, DE L'ESPRIT DES CHOSES,
tome II, année 1800.

(2) Montaigne. ESSAIS, liv. 1er, chap. XIX.

peut éviter ; mais il y a plus de courage à l'avouer et à la supporter avec résignation. La conscience d'une vie loyale, honnête et bien remplie, diminue toujours le poids des souffrances morales et allége d'autant les douleurs que l'homme éprouve à sa mort, jusqu'au suprême moment, où l'âme, à l'image du sommeil, quitte le corps et s'échappe pour ne plus revenir. Comme consolation, je dirai encore avec Montaigne : « La mort est origine d'une autre vie [1]. »

La preuve non équivoque, que des sentiments d'une certaine nature existent à un certain degré chez les bêtes, résulte, tout d'abord, de la sollicitude que témoigne la femelle de toute espèce pour ses petits, de l'ardeur qu'elle met à les défendre. Le pigeon voyageur, connu de l'antiquité, comme de nos jours, pour l'attachement qu'il porte à son nid, est devenu souvent le messager fidèle de dépêches qui ne pouvaient autrement franchir le blocus et le siége des villes. Il est même facile de remarquer, chez les oiseaux surtout, ces auxiliaires si puissants de l'homme pour la destruction des insectes nuisibles, et chez certaines espèces de volatiles, le mâle lui-même aider la femelle dans la garde et les soins donnés aux petits de la nichée; mais cette nichée quoique couvée attentivement, sous l'aile de la mère, ne tarde pas à lui devenir étrangère, entièrement, aussitôt la volée prise. On sait également que des animaux

_____

[1] Montaigne. Essais. liv. 1er. chap. XIX.

s'attachent à des compagnons de travail ou de captivité; ils s'en séparent avec peine, ce qu'ils font connaître par des cris et des hennissements.

Aussi le sentiment qui est une loi inhérente à la nature des animaux — Bossuet le pensait ainsi, comme Montesquieu — explique l'attachement du chien pour son maître. C'est la même cause qui le dispose à caresser les personnes qu'il a l'habitude de voir; caresses instantanées de sa part et qu'on n'a pas besoin de lui apprendre. Il en est de même pour la garde qu'il fait auprès de son maître, et de la surveillance attentive et courageuse qu'il porte à son domicile. Le même sentiment provoque son inquiétude et ses recherches, lorsqu'il a perdu les traces de la personne qu'il accompagnait et dont il a encore la mémoire. C'est le même mobile qui fait revenir le chien égaré à sa demeure, lors même qu'il en est séparé par une grande distance; et sa mémoire, dans ce cas, d'accord avec la bonté, la délicatesse de son odorat, lui fournit des repères, des accidents de terrains qui le dirigent dans son chemin.

Dans ces diverses circonstances, le mouvement de l'animal est spontané, instinctif, c'est un acte instinctivement intelligent de sa part : il puise sa source dans la loi du sentiment qui *existe dans son être*, à la différence des actions attachées aux *facultés de l'esprit*, qui ne lui sont pas naturelles et qui ont besoin d'être apprises et commandées aux animaux. Mais en tout, chez eux, en ce qui concerne le sentiment comme pour les facultés de l'esprit, les souvenirs sont fugitifs, comme l'objet qui disparait ; par suite, l'instinct même de la reproduction, que périodiquement les animaux éprouvent, ne forme entre eux aucun lien durable ; tout cesse avec l'accouplement.

Cependant, certains écrivains naturalistes, je n'en citerai que deux, attribuent, ce qui me semble une hypothèse, le besoin intime de vivre ensemble à certains animaux, à instinct sociable entre eux ; qualité indispensable aux animaux, pour qu'ils se forment à la vie domestique. Ainsi, selon Frédéric Cuvier, dans son supplément de l'Histoire naturelle de Buffon (mammifères), le besoin de rester unis existe chez les chevreuils, lorsqu'un mâle de cette espèce est une fois accouplé à une femelle. Ces animaux, dit-il, ne se quittent plus, mais cet amour mutuel ne va pas jusqu'à leur progéniture, et ils abandonnent leurs petits, lorsque ces derniers sont parvenus à un certain âge. Ce délaissement de l'objet, qui tient le plus profondément au sentiment d'affection naturelle, est peu d'accord avec celui qui unit, à tout jamais, le mâle et la femelle, selon l'auteur que je viens de citer : de Lacépède, dans son histoire naturelle des cétacés, au nombre desquels se compte, au premier rang, la baleine franche qui vit, d'après Buffon, mille ans, rapporte également que ces monstres marins, forment entre eux des familles nombreuses qui ne se séparent pas et vivent en groupes. Parmi les insectes, ces phénomènes, d'instinct communiste et de mœurs particulières, sont surtout remarquables chez les fourmis et les abeilles. Les écrivains qui ont décrit les habitudes de ces insectes, en ont tiré parti pour leurs tableaux de fantaisie. Ils ont érigé en république [1] la société des fourmis, petits êtres remuants, égoïstes, insatiables, despostes :

« La fourmi, dit La Fontaine, n'est pas prêteuse, » c'est là son moindre défaut. »

L'abeille vit sous un autre régime ; d'après ces mêmes auteurs, la femelle, avec le titre de reine, est placée à la tête de tout ce petit peuple bourdonnant, ailé, qui ne met pas moins d'activité que la fourmi à garnir sa ruche de cire et de matières sucrées, que les ouvrières récoltent sur les fleurs et les diverses plantes propres à cela, et qu'elles savent choisir. L'abondance et les richesses accumulées par les abeilles, dans les alvéoles de leur ruche, ne profitent pas à elles seules, comme cela se passe pour le travail des fourmis ; le miel et la cire que produisent les abeilles, et dont l'homme profite, permettent d'en conclure, que des deux régimes qui gouvernent nos deux petits peuples d'insectes, la monarchie des abeilles l'emporte, en utilité et en grandeur, sur la république des fourmis qui ne bâtissent et n'accumulent qu'à leur profit.

La bête n'est pas émue par les merveilles de la nature et de l'art ; elle passe froide et indifférente devant les

(1) Ernest Menault, 1868. L'INTELLIGENCE DES ANIMAUX. Librairie Hachette, Paris.

beautés de tout genre ; elle ne peut s'en rendre compte, et les jouissances de l'esprit lui sont complètement étrangères ; mais elle a le sentiment de l'ouïe musicale, sensation qui ne se raisonne pas et la bête, en conséquence, se montre attentive à la musique qui porte à la sensibilité du cœur. L'expérience ayant démontré la vérité de ce phénomène, c'est pour cela qu'une musique quelconque accompagne, presque toujours, les exercices des animaux dressés à cet effet et montrés en spectacle.

La musique du chant n'a pas été refusée à tous les animaux. Les oiseaux jouissent de cette faculté et ils charment notre oreille par leur gazouillement harmonieux et leurs chants variés. Le rossignol, l'hôte des frais bosquets, nous avertit, par ses chants doux et sonores, du retour du printemps, de cette saison de verdure et de fleurs qui flattent la vue et l'odorat de l'homme. Tout ce qui fonctionne utilement, ou qui se trouve en parfait accord, obéit à l'heureuse influence de l'harmonie. Quoique ce mot s'applique, dans le langage, de préférence et usuellement à l'art musical, cependant, la bonne entente, chez les hommes, n'est elle-même que le résultat de l'harmonie qui existe entr'eux par la sympathie de leurs pensées, de leur humeur et de leur instinct. Dans le monde physique, la même règle gouverne les éléments qui le composent ; et si, dans les corps, l'équilibre vient à se rompre, cela vient de ce que l'harmonie pondérante et régulière a cessé, entre les différentes parties qui en constituent l'ensemble.

C'est là, la cause ordinaire des souffrances, des maladies, de la perturbation des éléments atmosphériques et des maux, en tous genres, qui affligent journellement l'humanité.

Naturellement, la musique a été créée pour l'organe de l'ouïe que flatte l'harmonie des sons. Le chant est la première mélodie qui ait dû charmer l'oreille de l'homme. C'est un art, qui se perd, selon les historiens, dans la nuit des temps. Malgré tout, on admet généralement que la Grèce est le véritable berceau de la musique. Chez les grecs, cet art, dans leur langue harmonieuse et sonore, faisait partie de l'éducation, et les poëtes chantaient leurs vers, en s'accompagnant de la lyre. Après eux, la nation romaine, plus portée à la guerre qu'aux beaux-arts, fut longue à cultiver la musique. Mais, dans la suite, l'institution de l'empire et l'amollissement des mœurs romaines, introduisirent à Rome les arts de la patrie d'Homère, et les artistes, en tous genres, s'y portèrent en foule. Si l'on cherche l'origine véritable de l'harmonie, on la trouve dans l'invention de l'orchestration, qui a permis de mettre les instruments de musique d'accord entre eux, et les voix à l'unisson. C'est seulement sous le règne de Louis XIV, en 1672, que l'Opéra français s'établit solidement. Le musicien Lully, fut le véritable organisateur de l'orchestre français.

Si l'on continue à sonder le fond de la nature animale, bien loin d'y découvrir la combinaison, la liaison des idées, on ne peut que constater ce fait mental visiblement accentué, comme beaucoup d'autres ; à savoir que la bête n'a nul souci de sa liberté et de sa situation plus ou moins précaire : la pâture lui suffit. Si son corps est sain, exempt de souffrances et d'appétits sauvages, elle profite sûrement à l'engrais, dans le calme et la quiétude de son indifférence. Le temps court, sans qu'elle s'en inquiète ; ce que l'homme ne peut faire pour accomplir dans le monde sa destinée, et le temps, qui s'écoule rapidement, reste cependant comme preuve de la force de l'esprit et du génie de l'homme qui accomplit souvent les plus grandes choses, dans le court trajet de sa vie, lorsque surtout la sagesse y préside. Chez les anciens, comme chez les modernes, l'étude de la sagesse a été la première occupation des hommes sérieux de chaque époque : elle est la base la plus solide de toute science humaine, le guide le plus sûr de la morale et de la bonne politique, et l'antiquité, avec les modèles nombreux qu'elle offre, en est la source la plus féconde. Aussi, les vérités consacrées par les siècles et le temps, et qui tiennent par conséquent au fond de la nature humaine, qui ne change pas, sont celles qui profitent réellement à l'esprit, sans nuire à ses progrès qu'elles ne font qu'assurer et raffermir. La société moderne place avec raison, principalement la sagesse, comme j'ai déjà eu occasion de le dire, dans la moralité des actions des hommes, et dans une conduite constamment droite et conforme aux règles de la modération, de la justice, de l'honnêteté et des bienséances : cependant la première cause qui porte, à la vertu, à l'indépendance du caractère, et à l'accomplissement loyal et intime de ses devoirs, a pour première source l'élévation de l'esprit et du cœur; la sagesse n'y concourt que comme régulatrice bien inspirée des bons sentiments qui sont la suite de ces heureuses et bonnes dispositions de l'âme. La prudence, attribut de la sagesse, prévient le danger; elle est le meilleur moyen de sûreté, en mettant en garde l'esprit contre tout ce qui peut tromper nos espérances ou mettre obstacle aux fins qu'on se propose. C'est la raison principalement appliquée, avec droiture et réflexion, aux choses expérimentées de la vie, et par cela même un privilége de l'âge.

La bête n'éprouve pas, comme l'homme, à la suite des déceptions douloureuses, dont il est souvent assailli, la disposition chagrine, inquiète, maladive de l'esprit; réaction morale, spiritualiste qui atteint le corps humain, altère ses organes et l'expose à périr.

Aucun genre de vertu ne touche l'âme de la bête; la pitié, la commisération sont étrangères à l'animal; la bête n'éprouve aucune émotion de sensibilité à la vue des souffrances de son semblable, de quelque nature que soient ses souffrances. L'animal meurt de besoin, s'il ne peut se procurer, à lui seul, ce qui lui est nécessaire à la vie ou propice à calmer ses douleurs : il est sans espoir de l'obtenir d'une autre bête, même sa plus proche voisine. Mais, Dieu a pourvu, dans une large mesure, aux besoins des animaux : par exemple, le chien sait découvrir par instinct la plante qui le soulage ; il s'administre lui-même le chiendent comme remède purgatif. La peau des animaux, principalement, chez les quadrupèdes et la fourrure qui la couvre, sont toujours appropriées au climat qu'ils habitent, et sous lequel ils sont nés : leur instinct généralement les y fixe, ils ne cherchent pas à quitter ces lieux. La nourriture, qui convient à chaque espèce, se trouve toujours dans les contrées ou l'animal vit solitairement, et lorsqu'il peut saisir sa proie, accomplir son repas, calmer sa faim, l'ardeur de son sang, sa nature est satisfaite avec l'apaisement de ses appétits matériels.

La nature humaine est moins facile à satisfaire ; l'homme a des besoins, des jouissances plus larges, plus élevées ; le corps a ses besoins, l'esprit de même ; ces désirs divers sont sans bornes pour certaines natures.

C'est ainsi que les aspirations qui se révèlent à notre époque, ont des tendances sans limites ; le globe, selon ces aspirations, est destiné à devenir pour l'humanité une seule et même patrie, un vaste et fertile champ ouvert aux spéculations ambitieuses des hommes de toute race, de toute nationalité, de toute origine climatérique. Cependant, les fractions des peuples et des familles diverses, qui forment la base constitutive de la société humaine, sont dans l'ordre de la nature, et les limites qu'elle a posées aux forces morales et physiques de l'homme, font naître le besoin de cette circons-

cription. Chacun sait qu'il est plus facile et plus avan-
tageux, même dans les choses usuelles de la vie, d'admi-
nistrer ses richesses de près que de loin. C'est pour
cela également que les bons esprits ont toujours placé,
au rang de vaine et puérile théorie, l'amour universel
du genre humain et cette fraternité générale, que les
disciples de Fourier, sous la république de 1848, lo-
geaient commodément et pacifiquement, dans leurs
phalanstères démocratiques. Aujourd'hui, en 1876, les
partisans du régime républicain qui nous gouverne de
nouveau ont un but plus sérieux; tout en s'illusionnant,
il est à craindre, sur bien des choses; mais il faut
tenir, au moins pour constant, que la fraternité intime,
universelle, n'est qu'une rêverie : le cœur humain ne
porte pas si haut ni si loin l'amour de son semblable;
ses forces ne pourraient y suffire et la nature ne l'a pas
même voulu ; car, l'instinct intime du cœur de l'homme
ne l'attache fortement qu'à la famille et à l'entourage de
sa vie habituelle et journalière ; ce qui ne concorde pas
moins avec le sentiment de commisération et de cha-
rité vis-à-vis de son semblable.

La constitution de la société des hommes, comprise
sur une autre base, est un vain mot et une théorie dan-
gereuse et mensongère.

Sans doute, la réalisation d'une communauté d'intérêts, en restant individuels pour le fond, est possible
et même certaine, à l'aide du rapprochement des hommes ; mais il ne faut pas encore s'y tromper, les événe-

ments de ce monde marchent souvent aux grandes
choses, en voilant les dangers qui les accompagnent,
si même la providence n'a pas ses desseins cachés
dans ces déceptions humaines. Ainsi, les progrès merveilleux auxquels nous assistons et que nous devons à
l'invention des chemins de fer, au moteur puissant de
la vapeur sur terre et sur mer et à l'électricité, ce messager magique que la science a puisé à la source des
éléments atmosphériques, ne poussent pas moins à
l'éparpillement des forces natives des peuples et amoin-
drissent, par cela même, la source vive du patriotisme
que les anciens élevaient au premier rang de la vertu.
C'est un enseignement qu'on ne doit pas oublier : la
vertu patriotique est d'autant plus grande et efficace
qu'elle s'appuie sur l'unité nationale, sur la moralité et
la discipline d'un peuple.

Ces règles sont impérieuses, indispensables à la vie
sociale et à la grandeur d'une nation.

La guerre, dans l'ancien monde, avait obtenu, pour
dernier résultat, la prospérité sociale et les richesses de
toute provenance. Le nouveau monde, mieux inspiré
dans ses moyens d'actions, veut arriver au même but
et s'élever même plus haut par les seules forces de
l'intelligence en préparant, par des communications
pacifiques, nombreuses, et par des rapprochements ra-
pides et faciles, la fusion générale des intérêts des nations et des peuples. Cette voie plus large ouverte à la
généralité des rapports des hommes, peut profiter plus

ou moins moralement au monde et à ses richesses,
sans cependant changer la destinée humaine qui ne
peut ni être immuable, ni atteindre la perfection. Notre
nature n'est pas faite pour arriver à ce dernier degré
de bien, ni au moral ni au physique : l'imperfection de
notre être en esprit et en corps est un des éléments cons-
titutifs du genre humain : l'être parfait ne serait plus
un homme, mais un ange. Les degrés de l'échelle que
parcourt l'humanité ne s'élèvent pas si haut ; les progrès
humains s'arrêtent et souvent les évènements reportent
une société en arrière des échelons glorieux qu'elle
avait franchis, et la force à récupérer lentement son
passé. C'est le cercle que les sociétés paraissent desti-
nées à parcourir et où elles peuvent périr, si *la sagesse*
n'y préside pas : les sociétés finissent comme tout le
reste. Les anciens peuples nous en fournissent de nombreux exemples. Aussi, le moment venu, malgré ce
vaste plan de bien-être et d'entente universelle que
poursuit l'esprit inventeur, novateur de notre temps,
il ne faut pas moins reconnaître que l'équilibre du bon
ordre et de la paix, finit toujours par se rompre d'un
côté ou de l'autre. Les convoitises qu'engendrent l'égoïs-
me, le bien-être désiré au plus vite, ont accès chez les
peuples, chez les grands et chez les petits. La guerre,
avec ses excès, enfants des passions des hommes, est
un fléau qui atteint les peuples sous tous les régimes. Il
y a peu d'années encore que la lutte fratricide et sanglante de l'union américaine, ce type, disait-on, de con-

fraternité humanitaire, de puritanisme républicain, de confédération démocratique et pacifique, en a fourni au monde la preuve. Cela répond suffisamment à cette singulière et fallacieuse idée, qui consiste à prétendre qu'une fois toute compétition dynastique disparue de la terre, la paix éternelle sera assurée : c'est une assurance beaucoup trop hasardée, et il est à craindre qu'il y ait encore toujours à redouter les dynasties multiples des ambitieux que les intérêts particuliers et ceux des partis politiques suscitent partout en grand nombre ; c'est une des sources les plus profondes des imperfections humaines. La guerre ne sert pas moins le jeu sanglant d'un souverain, avide de pouvoir, de domination ou d'agrandissement territorial. Dans tous ces cas de perturbation sociale, la civilisation, à quelque degré qu'elle soit arrivée, sera impuissante pour empêcher ces conflits d'intérêts et d'honneur patriotique, que les armes seules sont appelées le plus souvent à résoudre. C'est un moyen d'autant plus douloureux que le génie militaire grandit et perfectionne son art journellement. La longue portée des armes à feu et des engins destructeurs et incendiaires, peuvent paralyser tout élan du soldat et les plus savantes combinaisons stratégiques : le récent siège de Paris en restera une preuve dans les annales militaires de la France.

La France surprise, en 1870, par les armées prussiennes, compromise dans sa défense, faute d'armements suffisants, a été la triste et sanglante victime de la coupable imprévoyance du gouvernement de l'empire. Ces désastres auxquels prirent part, à la suite de la capitulation de Sedan, les hommes de la république du 4 septembre et où bientôt vinrent se joindre les atrocités de la commune de Paris, sont devenus un point d'arrêt, dont les conséquences calamiteuses ont dû nécessairement atteindre le prestige national de la France, sa prospérité et ses richesses ; elle a maintenant la patriotique et pénible tâche de récupérer ses pertes ; le temps lui en donnera les moyens, si l'avenir du pays est définitivement confié à un gouvernement d'apaisement, d'ordre ; conforme aux besoins des vrais intérêts conservateurs de la nation et sympathiques à ses mœurs. Il est inutile de marcher à rebours ; les mœurs se dressent d'elles-mêmes contre les obstacles qu'elles rencontrent ; elles surmontent, si elles entrent en lutte, la volonté la plus puissante et la plus impérieuse de l'homme, et toujours elles reprennent leurs cours, lors même que, momentanément, elles en sont détournées.

Chose étrange ! le naturel des animaux a l'avantage sur celui des hommes, lorsqu'il s'agit d'attentats envers ses semblables. Les anthropophages sont de la race humaine, Juvénal en fait le sujet de sa satire xv... *Parcit cognatis maculis similis fera*. (La brute reconnaît et épargne son espèce.) Aussi, instinctivement, les animaux de la même espèce, s'ils n'appartiennent pas à la catégorie des bêtes fauves — malgré le programme infranchissable qui régit leurs habitudes naturelles — généralement se recherchent, se groupent et lorsque, l'instinct de l'espèce est sociable entre elle, le plus fort animal du groupe réuni, se met à la tête du troupeau et en dirige les mouvements : tant est dominatrice, sur les êtres organisés, l'influence prestigieuse de la force. Cette union cependant — sauf quelques rares exceptions que j'ai déjà notées, suivant l'opinion des historiens naturalistes que je cite — ne se cimente que momentanément, à la vue du danger qui les menace ou d'un objet qui excite leurs appétits. Ces animaux, dans le premier cas, se réunissent sur le même point, et tous tiennent tête à l'ennemi. Il en est de même des animaux carnassiers, qui font des efforts communs pour se rendre maître de la proie qui leur est disputée. Par exemple, les loups agissent de concert lorsque le troupeau qu'ils attaquent est défendu par les chiens et le berger. La meute des chiens de chasse, lorsqu'elle arrive à la curée, se précipite ensemble sur le tout, si les piqueurs font mine d'en distraire quelques parties.

Mais bientôt, la proie dont ils sont maîtres excite les appétits individuels, et soulève entre eux des querelles, des combats tranchés, subitement par les armes naturelles dont chacun est pourvu. Aussi, la guerre durable, stratégique et militante, entre animaux et d'espèce à espèce, ne s'en suit pas comme cela arrive dans la société des hommes, par la raison non moins certaine que les passions attribuées aux animaux, et qui servent d'arguments pour rapprocher la bête de l'homme, ne sont pas réfléchies, raisonnées, calculées, intarissables, comme elles le sont chez les hommes.

La colère que l'on prête à l'animal est un mouvement menaçant, qui se produit instantanément chez la bête, et qui a ordinairement et simplement pour cause, la défense d'elle-même ou de l'objet confié à sa garde. Il en est autrement chez l'homme : la colère est une mauvaise inspiration du cœur ; elle a sa source dans la méchanceté traduite extérieurement, par un acte brutal ou cruel ; au fond, la colère est plutôt l'instrument des passions qu'une passion elle-même, et il ne faut pas davantage confondre avec elle le courroux ou l'emportement ; dans ces deux derniers cas, la surexcitation de l'esprit n'est ordinairement qu'une violence irréfléchie, passagère et qui se dissipe promptement avec le sombre nuage qui en produit la cause. Le courroux, comme l'emportement, ne sont souvent que le résultat de la vive émotion d'une noble et juste pensée, indignement méconnue ou trompée. La colère, au contraire, se ressent de la passion qui en est l'origine ; elle exige et veut obstinément ce que cette passion lui commande d'obtenir.

Les actions méchantes apparaissent toujours avec le cachet de chaque époque. Les mœurs façonnent le naturel des hommes, et ce qui reste en principe ne change souvent que par les formes. C'est ainsi que, de nos jours, les méchancetés cruelles des époques barbares ne se voient plus : le sentiment moral, dans notre société, domine les sensations physiques, et la nature du mal, quoique la même, a dû par conséquent changer ses moyens d'action : la méchanceté n'y perd rien et la fourberie y gagne, ce côté perfide de l'esprit de l'homme. L'homme méchant est dissimulé ; il prépare ses coups froidement et en silence, et si sa malice est satisfaite, son âme est incapable d'un retour juste, loyal et généreux : le fiel coule dans ses veines, et il ne s'arrête qu'avec la vie.

La douceur est un sentiment tout autre, et lorsque la douceur n'est pas un calcul habile de l'esprit, pour cacher, sous l'apparence de cette bonne qualité, les défauts du cœur, elle est naturellement accompagnée de la bonté, quoique la bonté n'ait pas toujours le même avantage ; car il arrive souvent qu'un naturel est bon, sans que la douceur du caractère soit son partage. Galdoni, le Molière italien, en fournit un exemple dans sa comédie du *Bourru bienfaisant*. La scène de cette œuvre morale, qui fut jouée pour la première fois au Théâtre-Français, en 1771, est toujours le tableau le plus fidèle de ce contraste de la nature.

Aussi, il n'est pas rare de trouver des hommes, à l'humeur irascible et inquiète, à la parole vive et brusque, disposés à faire le bien et se livrant aux bonnes œuvres, aux nobles et bonnes actions avec tout l'élan que donne le vrai sentiment de la bonté. Ces naturels, s'ils ne sont pas les plus aimables, dans la pratique de la vie, s'ils se plient difficilement aux formes courtisanesques, obséquieuses et élégantes du monde, ont cependant en général, en leur faveur, un mérite incontestable et précieux : ce mérite comprend, tout à la fois, un dévouement généreux et réel pour autrui ; dans la conduite, une marche toujours franche et sincère envers les autres. Lorsque la droiture de l'esprit se place à côté de ces bonnes qualités de l'âme, les hommes qui jouissent de ces avantages ne sont pas les moins bien partagés.

La haine est encore un mauvais sentiment qu'on attache également à la nature animale : c'est une opinion mal fondée et qui se réfute par le fond et les effets même de la haine. En effet, la haine est le ressentiment cœur : ordinairement, ce mouvement déréglé de l'âme, prend sa source dans le souvenir d'une injure qu'on a reçue ou du mal qui vous a été fait méchamment par autrui. La haine est profonde et durable chez l'homme méchant. Elle est antipathique au bon naturel ; elle se dissipe ou se tarit promptement dans l'âme grande et généreuse, si par hasard elle en approche. La haine excite le désir de la vengeance, qui parfois s'exalte si vivement, dans certains esprits, qu'elle va jusqu'à la pensée du crime, et même, il arrive, qu'elle l'exécute. Les mœurs et les traditions de certains peuples les portent plus que d'autres à s'inspirer de la haine : les inimitiés héréditaires sont des faits historiques dans les annales de l'Italie et de la Corse ; dans ces contrées méridionales, l'esprit de vengeance se recueille de père

en fils, comme des titres et des devoirs de famille. Les
époques, surtout de barbarie, sont les temps où ces
exemples se présentent fréquemment. Les guerres du
moyen-âge étaient le plus ordinairement provoquées
par les rivalités des grands, et avaient le plus souvent,
pour cause principale, la vengeance à tirer d'une offense
personnelle et les désirs de satisfaire les sentiments
haineux qui aiment à se rendre justice eux-mêmes. La
civilisation est un remède à ces maux ; elle dispose les
hommes à de meilleurs sentiments, quoique souvent
elle soit impuissante à tarir complètement la source
des travers de l'esprit humain.

Cependant, il arrive aussi que certains esprits plus
grands et plus élevés que d'autres, répondent au mal
qui leur est fait par l'oubli et le pardon, et se vengent
seulement par le dédain de l'injustice et de l'outrage
dont ils sont victimes. C'est la voie la meilleure à suivre ; mais il appartient au petit nombre d'en comprendre
le mérite.

Ces divers faits caractéristiques et raisonnés de la
haine, ne peuvent exister ni se comprendre chez les
animaux. Si parfois, ils témoignent de l'antipathie pour
certaines choses et pour certains individus, ce sentiment
de répulsion n'a pas sa source dans la haine, dans la
vengeance, mais il naît des objets qui rappellent, à la
mémoire de la bête, les obstacles qu'elle a rencontrés
dans sa marche ou les mauvais traitements dont elle a
été victime. Cette dernière circonstance se remarque

surtout pour les chevaux qui repoussent, par des ruades
ou des coups de dents, les palefreniers qui les brutali-
sent. L'expérience démontre que la nature animale est
portée, sans réflexion, à la douceur, tandis que la méchanceté, toujours réfléchie, reste chez la bête à l'état
d'hypothèse, c'est-à-dire de supposition arbitraire.

La bête la plus sauvage se montre sensible à la main
qui la soigne.

« Les bêtes même, dit Sénèque le Philosophe, sen-
» tent ce qu'on fait pour elles, et il n'y a pas d'animal
» si sauvage, que nos soins ne puissent dompter et con-
» duire à nous aimer. Le lion laisse manier sa gueule
» par son maître ; le farouche éléphant se fait l'esclave
» obéissant de l'indien qui le nourrit ; tant une bonté
» assidue et persévérante triomphe même des natures
» qui ne peuvent avoir l'intelligence et la conscience du
» bienfait [1]. »

L'animal a même le sentiment spontané, actuel de
l'acte courageux qu'il accomplit et qu'il partage avec le
maître qui le dirige. Le cheval s'anime, s'exalte au feu,
au bruit des batailles ; ses membres frémissent, ses
allures, qui sont toujours franches et aisées sur la route
qu'il connaît et que les accidents du terrain lui rappellent, se dressent en face d'un péril imminent : il sait
alors s'arrêter ou reprendre la route de sa demeure. Ce
même sentiment accidentel, quoique d'un autre genre,

---

[1] Sénèque le Philosophe, DES BIENFAITS, liv. 1er, page 139. Traduction
Nisard.
(Texte latin, liber primus, III.)

se retrouve dans l'animal intelligent, exercé et qui vient d'accomplir, en présence des personnes qu'il connaît, un acte bon ou mauvais. Le chien que je mentionne de nouveau, par rapport à toutes ses qualités intelligentes, se réjouit lorsqu'il a exécuté ponctuellement les ordres de son maître; il est craintif, soucieux, si l'acte qu'il a commis est répréhensible et s'il a mal compris le commandement qui vient de lui être donné.

Je ne veux pas multiplier les citations de faits d'intelligence animale connus de tous; je me borne à rappeler les divers phénomènes que je viens d'exposer, parmi beaucoup d'autres faits particuliers à chaque espèce d'animaux : phénomènes qui prouvent évidemment qu'il existe, chez les bêtes, un principe vital étranger à la matière et une motion particulière et indépendante des lois générales du mouvement ; c'est donc à tort que Montesquieu en exprimait le doute, dans le passage de l'*Esprit des Lois*, que j'ai pris pour épigraphe. Cette motion instinctive est générale, elle commande à tous les animaux et leur est commune ; et si des signes d'intelligence, qui ont rapport à certaines facultés de l'âme humaine, se révèlent, comme j'ai cherché à l'établir, principalement chez les espèces vertébrées, ce phénomène, constaté plus spécialement chez ces espèces, a pour raison la nature de leurs organes et la facilité que cet organisme donne à l'homme pour se rapprocher de l'animal, pour le dresser et l'instruire. Les êtres invertébrés, tels que les insectes, les articulés, les mol-

lusques, tous animaux à sang froid ou blanc, n'ont pas
la même organisation propre à l'intelligence, et leur vie
se passe sous l'empire de l'instinct inné qui règle invariablement leur espèce.

Un des phénomènes les plus remarquables de ce
genre d'animaux est, sans contredit, la toile tissée par
l'araignée : ce travail délicat se rompt, se déchire quelquefois et l'araignée, comme l'abeille pour ses alvéoles,
s'empresse d'en réparer la destruction, d'en raccom-
moder la déchirure. Mais, ce fait n'est pas un acte d'intelligence en dehors de l'instinct inné ; l'araignée revient seulement à la forme et à l'étendue de la toile que,
par instinct, elle avait tissée pour prendre les divers
insectes qui fournissent à sa subsistance. Si elle agissait
par une impulsion différente de l'instinct, l'araignée
changerait le tissu de sa toile et le ferait plus fort et
plus solide ; elle ne le fait pas.

III

Est-ce à dire que la dignité humaine peut être compromise même par ce simple rapprochement, par cette
comparaison accidentellement spiritualiste chez la bête ?
— nullement. — La supériorité intellectuelle de l'homme qui commande à l'animal et la substance vivifiante
surnaturelle de son esprit n'en restent pas moins
intactes.

La bête, selon l'ordre le plus visible des lois naturelles qui régissent l'univers, est un être entièrement
mortel. Si la bête, dans bien des cas, est pour l'homme
un compagnon, un auxiliaire précieux dans ses travaux,
elle ne sert pas moins à satisfaire ses besoins de première nécessité, à le nourrir, à le vêtir : cette appropriation des animaux, à l'usage de l'homme, a été de
tout temps universellement reçue [1]; cette appropriation
confirme cette pensée, que la destinée de la bête est périssable, comme celle de la plante qui, elle-même, dans
le dernier rang des êtres, se meut par une contraction
qui lui est propre. — Phénomène remarquable surtout
chez la sensitive, et visible chez d'autres plantes de
diverses familles. — La plante vit et croît au moyen des
feuilles, ses organes respiratoires, et des sucs nutritifs
qu'elle s'approprie par ses racines adhérentes au sol.
La masse d'air qui enveloppe la terre et qui, à nos yeux,
s'élève sur nos têtes en voûte bleue, est le fluide gazeux
nécessaire à la vie de tous les êtres organisés ; les animaux, comme les plantes, y puisent le premier élément
de leur existence, de leur santé, de leur croissance.
Au-delà de cette couche aérienne, l'homme rencontre
la mort comme barrière insurmontable à sa nature
humaine, pour pénétrer le mystère du monde céleste.

---

[1] « Donnez-vous aux animaux une âme immatérielle, c'est-à-dire immor-
» telle ? Le pourrez-vous sans porter votre propre accusation, vous qui les
» égorgez, vous qui les dévorez depuis le commencement du monde ? Et
» comment une vérité, dont l'ignorance constitue le genre humain dans le
» crime, serait-elle restée stérile pendant six mille ans ? »   Aimé MARTIN,
DE L'ÉDUCATION DES MÈRES DE FAMILLES, etc.

Le principe vital, même de la plante, est susceptible de perfection ; la science de l'horticulture en fournit de nombreux exemples et, au moyen de l'hybride, elle donne de la vigueur aux plantes et, par ce rapprochement sexuel, elle augmente plus particulièrement la beauté et l'éclat des fleurs.

Les fossiles des animaux et des végétaux ont servi à la science géologique les moyens de classer les différents terrains, à la suite des diverses révolutions qu'a subi le globe, par l'effet des inondations, des tremblements de terre et des éruptions volcaniques. Mais une remarque est à faire : c'est l'absence des fossiles humains que la science, jusqu'ici, n'a pu constater sûrement, ce qui aurait eu déjà lieu si cela pouvait être. Certes, l'exhibition des fossiles humains ne manquerait pas de se produire, et ces fossiles figureraient, sans nul doute, dans les musées où ils font complètement défaut : à ce point de vue géologique l'homme est encore séparé de la bête.

La tête courbée vers la terre, la parole manque à l'animal ; ce merveilleux mécanisme qui met l'homme en rapport avec son semblable et lui permet d'exprimer ses idées, n'est pas au pouvoir de la brute ; il s'en suit que l'absence, surtout du langage, implique nécessairement chez la bête l'absence de la pensée dont la parole est l'instrument naturel. Les cris que la bête pousse diffèrent profondément de l'inflexion des sons accentués par l'homme. Chez les animaux, le son qui sort de l'organe de la poitrine est plein et égal ; la faim est la cause ordinaire de ces cris ; le sentiment qui unit les bêtes entre elles peut en être également la source, et c'est pour cela que ces cris inarticulés sont entendus par d'autres animaux, mais seulement par ceux de la même espèce. Le phénomène de la voix n'avait pas échappé aux anciens. Pline le Naturaliste, en constate les effets dans les termes suivants :

« La voix dans l'homme, dit-il, dépend beaucoup de
» la physionomie. Avant que d'apercevoir une personne,
» nous la reconnaissons à la voix aussi certainement
» qu'en la voyant ; et il y en a autant que d'individus
» dans la nature ; chacun a la sienne comme chacun a
» son visage ; de là, cette diversité de nations et de
» langages dans tout l'univers ; de là, cette incalculable
» variété de chants, de modulations, et d'inflexions.
» Mais, par-dessus tout, *la parole, cet interprète de*
» *l'âme, qui nous a distingué des bêtes*, établit encore,
» entre les hommes mêmes, une différence non moins
» grande que celle qui sépare l'homme de la brute [1]. »

Rien n'élève le principe vital et intellectuel de bêtes au-dessus des choses terrestres ; rien ne les porte, comme je l'ai déjà dit, à l'usage réfléchi de la liberté qui est l'essence même de l'âme.

L'homme seul, par son libre arbitre s'appartient ;

---

[1] (CXII, texte latin, DE VOCIBUS ANIMALIUM.)
Pline le Naturaliste, DES VOIX DES ANIMAUX, tome VIII, page 207, Bibliothèque latine-française, édit. Panckoucke.

lui seul a la conscience, le sens intime du bien et du mal ; sens intime d'où découle la loi morale qui le régit et le gouverne utilement en société ; lui seul a le privilége d'élever sa pensée à Dieu, son regard jusqu'au firmament, cette voûte céleste parsemée en nombre incalculable de corps lumineux qui roulent sur nos têtes, brillent à nos yeux d'un vif et majestueux éclat, et se classent et se perdent avec un ordre immuable dans l'espace infini.

L'homme seul, sur ce globe, connaît les beautés de tous genres qui l'ornent et le composent ; lui seul apprécie, calcule l'ordre parfait des merveilles qui l'entourent et dont l'existence et le mouvement acclament visiblement, — rien ne naissant de rien : *ex nihilo nihil*, — un créateur, également tout autre que la nature proprement dite, qui est inerte et matérielle dans sa composition, dès lors impuissante à créer le mouvement et la vie.

Ainsi, tous ces faits universels, grandioses, immenses, merveilleux, qu'il est donné à la science humaine d'apprécier et de constater en grande partie, manqueraient de causes pour en comprendre la création et le but, si, en appréciant la matière et en comparant la vie de l'animal à celle de l'homme, il était possible d'en conclure que tout fatalement chez l'homme, corps et âme, doit périr et finir de même. Une telle conclusion serait l'approbation des doctrines matérialistes et panthéistes qui se révèlent de nouveau et qui servent aux disciples de cette école, pour donner à la science le singu-

lier droit de soumettre l'esprit, par le moyen de la structure et du jeu des organes, au fonctionnement réglé d'une mécanique. Un pareil enseignement non-seulement dégrade l'homme, lui ôte le prestige de sa nature et l'idéal de ses instincts élevés ; mais encore cet enseignement aboutit à rien moins qu'à la négation du vrai et du faux et à celle du libre arbitre qui laisse à l'homme la liberté de choisir le bien et d'éviter le mal. C'est, de plus, l'anéantissement moral des choses qui reposent l'esprit dans l'honnêteté des traditions domestiques et sociales ; dans l'espérance consolante et juste d'un meilleur avenir au-delà de ce bas-monde, — là, cependant, réside la vérité rationnelle et vivifiante, non dans le néant, — « car je ne suis pas homme, dit Cicé-
» ron, à croire que l'âme périsse avec le corps et que
» cet admirable flambeau de l'intelligence, émané de
» Dieu même, soit de nature à s'éteindre ; je pense bien
» plutôt, qu'au bout d'un certain temps elle reprend le
» chemin de l'immortalité [1]. »

Aussi, l'homme convaincu de la spiritualité de l'âme, par conséquent de son immortalité, puise, dans cette pensée, un grand encouragement à faire le bien, et il devient alors, dans son propre intérêt et dans l'intérêt du bon ordre, soucieux des actes de sa vie et de la mémoire qui lui survivra.

Avant les romains, le dogme de l'immortalité de

---

[1] Cicéron, CONSOLATION, tome XXXIII, page 287. Bibliothèque latine-française, édit. Panckoucke.
Texte latin, M. Tullio Ciceroni adscripta-consolatio. XVI.

l'âme avait également sa place dans les écoles philosophiques de la Grèce. Cette croyance porta Pythagore à
créer la métempsycose, qui apprenait que les âmes vivifiaient et passaient successivement d'un corps dans un
autre. De nos jours, la métempsycose se retrouve parmi
l'idolàtrie des peuplades indiennes.

Certaines doctrines de l'ancienne philosophie, sur le
point de la transmission successive des attributs des
êtres, d'où est né le panthéisme, allaient encore plus loin :
elles accordaient l'éternité, même à la matière qui finissait, selon leur enseignement, dans une forme pour se
reproduire sous une autre forme. La preuve de cette perpétuelle et continuelle rotation de la nature, matériellement substantielle, était prise dans les choses qui
servent de nourriture aux animaux et d'engrais à la
terre et qui, de la sorte en apparence, s'incorporent de
nouveau à la matière en alimentant les animaux et les
hommes et en contribuant à la végétation des plantes.
Cependant, ces phénomènes eux-mêmes n'ont pas la
conséquence que les libres penseurs leur donnent encore
aujourd'hui, en leur attribuant, comme le faisaient les
anciens philosophes, la perpétuité de la matière.

Ce qu'il y a de vrai, dans cette transformation présumée par la consommation et l'appropriation de la
matière existante en une nouvelle matière, c'est la fin
du sujet; il ne reste des choses détruites et consommées
que leur essence vivifiante, dont le principe constitutif
et incorporel n'est pas davantage, comme beaucoup

d'autres principes du même genre, à la portée des connaissances humaines.

Aussi, la durée n'est-elle qu'un très-petit parcours de l'éternité ; c'est l'espace de temps que dure une chose et la fin est attachée à tout corps périssable. Ainsi, lorsque la sève abandonne la plante ou que la vie se retire des êtres organisés, la matière alors se décompose et le corps périt. Cela fait que l'image et le souvenir de celui qui disparait de la terre s'effacent vite, à moins que par ses belles actions ou par ses travaux intellectuels il n'ait pris rang dans les hautes pensées humaines et qu'il devienne, par là, immortel comme elles.

La foi en Dieu dispose à cette fin profitable au monde et glorieuse pour l'humanité ! De tous temps, la croyance dans un être suprême, inspirateur du bien, rémunérateur des vertus d'ici-bas, a été universellement et religieusement répandue. Vainement l'athéisme, dans les moments de perturbation morale que nous traversons, oppose-t-il, à cette salutaire croyance, par de nouveaux efforts, sa froide et stérile négation. La vérité puise toujours son indiscutable preuve dans le témoignage universel des hommes. Il résulte de l'histoire que la croyance en Dieu se trouve chez tous les peuples anciens et modernes, et si l'hommage rendu à la divinité a varié dans les formes, la foi du cœur n'a pas changé ! L'idolâtrie et le paganisme adoraient, quoique imparfaitement, le Créateur et le Maître du monde en multipliant leurs divinités ; mais l'unité dans la perfection divine, qui est la croyance presque universelle dans la société moderne civilisée, lui rend un hommage plus pur et plus digne de lui ; par là, Dieu s'est mieux révélé à l'homme tout en restant ce qu'il est !

« .... Pourquoi tant de philosophie ? Dieu est si
» haut que nous n'apercevons pas même ses nuages ;
» nous ne le connaissons bien que dans ses préceptes ;
» il est immense, spirituel, infini, que sa grandeur
» nous ramène à notre faiblesse ; s'humilier toujours,
» c'est l'adorer toujours (1).

_____

(1) Montesquieu, LETTRES PERSANNES, lettre LXIX.

FIN